AF314553

COURS ÉLÉMENTAIRE

DE

DROIT CIVIL.

COURS ÉLÉMENTAIRE

DE

DROIT CIVIL.

Par G. V. VASSELIN,

ANCIEN DOCTEUR EN DROIT DE LA FACULTÉ DE PARIS.

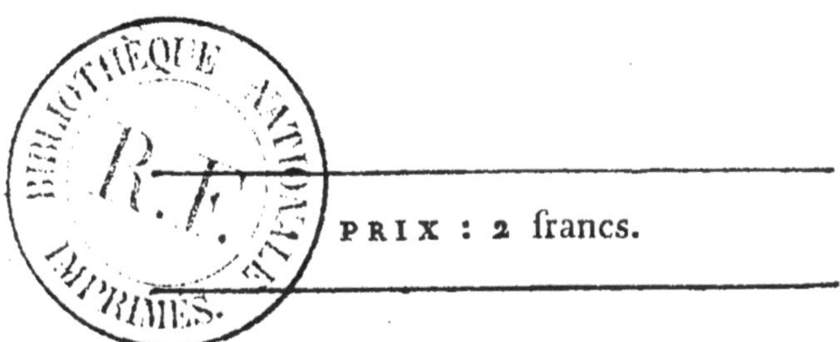

PRIX : 2 francs.

A PARIS,

DE L'IMPRIMERIE DE BRASSEUR.

AN IX. — 1801.

COURS ÉLÉMENTAIRE

DE

DROIT CIVIL.

QUATRIÈME CAHIER.

PREMIÈRE LEÇON.

Du prêt à usage, — du précaire, — du prêt de consomption.

PARAGRAPHE PREMIER.

Du prêt à usage.

Le prêt à usage est un contrat par lequel un des contractans donne gratuitement à l'autre une chose pour s'en servir à un certain usage, et celui qui la reçoit s'oblige de la lui rendre après qu'il s'en sera servi. Les romains nommaient ce prêt *commodatum*.

Ce contrat est de la classe de ceux de bienfaisance, étant de son essence d'être gratuit.

Quatrième cahier.   A

(6)

C'est un contrat réel qui ne se forme que par la tradition de la chose.

Il est synallagmatique, car il produit des obligations réciproques.

Il est du droit des gens. Le droit civil ne l'a assujetti à aucune forme particulière.

§ I I.

Des choses qui sont de l'essence de ce contrat.

Il est de son essence, 1º. qu'il y ait une chose qui soit prêtée. Tout ce qui est dans le commerce et qui ne se consomme pas par l'usage qu'on en fait, peut être l'objet de ce contrat. 2º. Que la chose soit prêtée pour un certain usage, n'importe lequel, pourvu qu'il soit déterminé. Je puis vous prêter mon cheval, mon lit, et tous meubles, pour les donner en gage à vos créanciers ; mais il faut que cet usage soit bien spécifié par notre convention. 3º. Que le prêt soit gratuit ; autrement ce serait un louage. 4º. Que l'emprunteur s'oblige de rendre la même chose *in individuo*. 5º. Que le prêteur conserve la propriété et même la possession de la chose prêtée à usage. L'emprunteur n'est censé détenir la chose qu'au nom de celui qui la lui a prêtée. 6º. Que le consentement des parties intervienne sur la chose prêtée, sur l'usage pour lequel elle est prêtée, et sur la restitution qui doit en être faite.

(7)

Toute personne capable de contracter peut prêter
à usage. Ce contrat n'a rien à cet égard de particulier.

§ I I I.

Des obligations de l'emprunteur.

Les obligations de l'emprunteur consistent à ne
faire servir la chose qu'à l'usage pour lequel il l'a
reçue, à la conserver en bon état, à la rendre *in
individuo*, à indemniser en certains cas le prêteur de
la chose périe ou détériorée.

1°. L'emprunteur a le droit de se servir de la chose
qui lui a été prêtée pendant toute la durée du tems
fixé par la convention. Il a même une action contre
le prêteur et ses héritiers s'ils apportaient quelque
trouble à l'usage qu'il a droit de faire de la chose.
Mais ce droit se borne à l'usage convenu entre le
prêteur et lui. Si, à l'insu et contre le gré du prêteur, il se sert de la chose pour tout autre usage que
celui pour lequel il l'a empruntée, non-seulement il
contrevient à la bonne foi requise dans le contrat de
prêt, mais il commet un vol de l'usage de cette
chose.

2°. Comme le locataire, l'emprunteur est obligé
de conserver la chose en bon état ; mais, attendu la gratuité du prêt, il est obligé d'apporter tout le soin
possible à la conservation de cette chose. *Tout le soin
possible*, c'est-à-dire celui qu'apportent à leurs affaires les personnes les plus soigneuses ; c'est-à-dire

qu'il est tenu de la faute même la plus légère, à moins qu'il n'y ait entre le prêteur et lui une convention contraire, et que, par extraordinaire, l'usage pour lequel la chose est prêtée n'intéresse autant le prêteur que l'emprunteur.

3o. L'emprunteur ne tenant la chose du propriétaire qu'à titre d'usage pour un certain tems, il s'en suit évidemment qu'il doit la rendre. Mais quand, à qui, où, en quel état?

Quand? Après le tems porté au contrat, et, lorsque le contrat n'en fixe aucun, après celui qui a été nécessaire à l'emprunteur pour s'en servir à l'usage convenu. Il pourrait cependant la retenir quelque tems de plus, s'il ne pouvait la rendre incontinent sans s'exposer à un grand dommage : s'il avait fait des impenses pour la conservation de cette chose, le prêteur doit avant tout le rembourser. Au surplus, le prêteur ne peut être admis à réclamer sa chose avant le tems porté au contrat, hors le cas d'un besoin imprévu, urgent et tel que tout délai lui soit gravement préjudiciable.

A qui? Au prêteur lui-même, ou à son fondé de pouvoir spécial, ou à ceux sous la puissance desquels il est passé depuis le contrat : à son curateur, par exemple, si dans l'intervalle il a été interdit pour cause de folie, de démence ou de prodigalité; ou à son mari, si c'était une fille qui depuis s'est mariée.

Où ? Au lieu exprimé par le contrat, et, si les parties ne s'en sont pas expliquées, au domicile du préteur , ou à l'endroit d'où la chose a été tirée pour passer entre les mains de l'emprunteur.

En quel état ? Dans celui où elle se trouve. L'emprunteur n'est pas tenu des détériorations qui ne proviennent ni de sa faute ni de celle des personnes des faits desquelles il est responsable.

4°. Lorsque la chose prêtée est périe ou a été détériorée par cas fortuit, par force majeure , par quelque accident que l'emprunteur n'a pu ni prévoir ni empêcher ; lorsqu'elle lui a été volée à force ouverte , soit sur une grande route , soit par l'effraction de sa maison et du coffre qui l'enfermait , il est constant que l'emprunteur n'en saurait aucunement être responsable.

Mais s'il l'a perdue par un simple vol, qui suppose toujours quelque défaut de soin et de précaution de la part de celui à qui il est fait ; s'il l'a égarée , s'il l'a détériorée par son imprudence, sa mal-adresse ou la négligence de ses domestiques ; en un mot , toutes les fois qu'on peut lui reprocher la faute la plus légère , même d'omission , il est tenu d'indemniser le préteur.

Il n'est pas même déchargé des accidens de force majeure ; lorsqu'il avait le loisir et le pouvoir de sauver de ces accidens la chose prêtée ; lorsqu'il a occasionné ces accidens par sa faute ; lorsqu'ils ne sont arrivés qu'après qu'il a été mis en demeure de rendre la chose prêtée; lorsqu'il l'a empruntée pour ne pas exposer la sienne , en laissant à son ami qu'il en avait une semblable qui pouvait lui servir au même usage ; enfin, lorsqu'il s'y est soumis par le contrat.

5°. Comme il n'y a que des corps certains qui puissent faire la matière du prêt à usage, l'emprunteur doit les rendre *in individuo*, c'est-à-dire les mêmes précisément qu'il a reçues. J'en ai déjà fait l'observation en parlant de ce qui est de l'essence de ce contrat.

§ I V.

Des obligations du prêteur.

Le prêteur contracte aussi des obligations, mais elles ne sont qu'implicites et incidentes. En voici quelques espèces :

1°. Il ne contracte pas l'obligation formelle et positive de faire jouir l'emprunteur de la chose prêtée, telle que le bailleur la contracte envers son locataire; mais il prend l'engagement négatif de n'apporter ni de sa part, ni de celle de son héritier, aucun trouble ni empêchement à l'usage que l'emprunteur doit avoir de la chose prêtée.

2°. Il s'oblige à rembourser à l'emprunteur les dépenses extraordinaires qu'il a faites pour la conservation de la chose prêtée.

3°. Il doit donner avis des défauts de la chose qu'on demande à lui emprunter, lorsqu'il en a connaissance, et que ces défauts sont tels qu'ils puissent causer du dommage à l'emprunter. Faute d'avoir satisfait à cette obligation, il est tenu des dommages et intérêts résultans de ce que l'emprunteur a souffert de ces vices.

4°. Lorsque l'emprunteur, ayant perdu par sa faut la chose qui lui avait été prêtée, a payé le prix au vendeur, le prêteur, qui depuis a recouvré la chose, est obligé de lui rendre cette chose, ou le prix qu'il en a reçu.

PARAGRAPHE UNIQUE.

Du précaire.

Le précaire est une convention par laquelle, à votre prière, je vous donne une chose pour vous en servir tant que je voudrai bien le permettre, et à la charge de me la rendre à ma réquisition.

Les principes de cette convention, les obligations et les actions qui en naissent, sont les mêmes que dans le contrat de prêt à usage. Je remarquerai seulement cette différence essentielle que, dans le précaire, il n'y a ni limitation de tems, ni détermination d'usage. Celui qui reçoit une chose précairement, la reçoit pour s'en servir indistinctement, et à la charge de la rendre incontinent au prêteur, toutefois et quand il la demandera. Néanmoins, le prêteur ne peut répéter sa chose intempestivement, c'est-à-dire dans un moment où l'emprunteur ne pourrait la rendre sans s'exposer à un dommage considérable. Celui-ci, d'une autre part, ne peut faire servir cette chose qu'aux usages qui lui sont propres, et auxquels elle est destinée par sa nature : sa jouissance est plus étendue que celle de l'emprunteur dans le prêt à usage , mais elle est toujours limitée par la nature des choses.

PARAGRAPHE PREMIER.

Du prêt de consomption.

Le prêt de consomption, que les romains appelaient *mutuum*, est un contrat par lequel l'un des contractans donne et transfère la propriété d'une somme d'argent ou d'une certaine quantité de choses fungibles à l'autre contractant, qui s'oblige de lui en rendre précisément autant.

Ce contrat est du droit des gens : il est de la classe des contrats bienfaisans, la gratuité étant de son essence. C'est un contrat réel, puisqu'il ne peut se former que par la tradition de la chose qui en fait l'objet. Il est uni-latéral, car il ne produit d'obligation que d'un côté.

§ I I.

Des choses qui sont de l'essence de ce contrat.

Six choses sont de l'essence du prêt de consomption :

1°. Qu'il y ait ou une somme d'argent, ou une certaine quantité de choses fungibles, qui en soit la matière, et qu'elle soit prêtée pour être consommée.

2°. Que le prêteur fasse à l'emprunteur la tradition de la chose prêtée.

3°. Que la propriété de la chose prêtée soit transférée à l'emprunteur. C'est ce que signifie le mot *mutuum*, dont l'étymologie est *de meo tuum;* de mienne la chose devient tienne. De là, il suit que, pour la validité du prêt de consomption, le prêteur doit être le propriétaire de la chose, ou ne faire le prêt que du consentement du propriétaire, et dans le premier cas, être capable non-seulement de contracter, mais encore d'aliéner.

4°. Que l'emprunteur s'oblige à rendre précisément autant qu'il a reçu. Si, reconnaissant avoir reçu cent francs, il s'oblige à rendre dans un an cent cinq francs, le contrat n'est obligatoire que pour cent fr.

5°. Que le prêt soit gratuit. Aussi le prêt d'argent à intérêt n'était-il pas reconnu par les lois anciennes.

6°. Que le consentement des parties intervienne sur tout ce qui forme la substance du contrat.

§ I I I.

Des obligations de l'emprunteur.

Le prêt de consomption étant un contrat uni-latéral, il est évident que la partie obligée ne peut être autre que celle à qui le prêt est fait. Le prêteur ne peut, en effet, contracter aucune espèce d'obligation, si ce n'est celle que lui impose la bonne foi d'avertir l'emprunteur des vices de la chose prêtée, lorsqu'il en a connaissance. Il n'y a donc que l'emprunteur qui puisse être réellement obligé.

Cette obligation de l'emprunteur est simple, et consiste uniquement à rendre autant qu'il a reçu. S'il a emprunté de l'argent, il doit rendre la même somme ; s'il s'agit d'un prêt de choses fungibles, il doit rendre quantité pour quantité, qualité pour qualité. A qui, quand et où la restitution doit-elle être faite ? Ce sont absolument les mêmes principes que pour le prêt à usage.

Il n'est, au surplus, qu'un seul cas où l'emprunteur puisse, non pas se dispenser de rendre, mais différer la restitution ; c'est celui où il aurait reçu opposition judiciaire de la part d'un tiers, à ce qu'il ne se dessaisisse pas des fonds qu'il doit à son prêteur. Jusqu'à ce que celui-ci ait obtenu main-levée de l'opposition, l'emprunteur ne peut valablement payer au prêteur, sans courir la chance de payer deux fois.

SECONDE LEÇON.

Du prêt à intérêt, — du contrat de nantissement.

PARAGRAPHE UNIQUE.

De la nécessité de permettre le prêt à intérêt.

J'AI dit que la gratuité était de l'essence du prêt de consomption ; que l'emprunteur qui reconnaît avoir reçu cent francs ne peut pas s'obliger à rendre cent cinq francs dans une année, ou que, du moins, l'obligation ne vaut que pour cent francs, les cinq francs d'excédent étant un intérêt prohibé par les lois.

Telle est, en effet, la rigueur de nos anciennes lois non encore révoquées. Mais ces principes sévères ont, de tous les tems, paru d'une exécution si difficile et tout à la fois si contraire à la prospérité du commerce et à l'activement de l'industrie, que les lois elles-mêmes en toléraient la violation.

Mais qu'est-ce donc qu'une loi prohibitive qu'il est permis d'éluder et d'enfreindre ? quel peut être d'ailleurs le motif d'une pareille loi ? On peut vendre ou louer une terre, une maison, un droit, une chose mobiliaire quelle qu'elle puisse être : pourquoi serait-il défendu de vendre et de louer son argent? L'argent est-il donc une chose stérile, une chose morte qui ne soit susceptible de rendre aucun profit à son propriétaire? Le change est autorisé : on peut recevoir à Paris cent francs, à la charge d'en rendre cent cinq à Lyon. Certes, cet excédent de cinq francs est bien un profit, un intérêt que mon banquier de Paris retire des cent francs qu'il m'avance. Pourquoi la distance des tems ne serait-elle pas appréciable ainsi que celle des lieux? On dit que les cinq francs que je paie à Lyon, en sus des cent francs que j'ai reçus à Paris, sont réputés le prix de ce qu'il en coûte à mon prêteur pour faire voiturer son argent de Lyon à Paris. Mais si je vous prête aujourd'hui cent mille francs à rendre seulement dans un an, cet argent a une destination de votre part, telle que l'acquisition de marchandises que vous payez moins cher en les payant au comptant, et dont la revente doit, selon toutes les probabilités, vous procurer dans l'année un bénéfice net de quinze ou vingt pour cent. J'aurais pu très-légalement convenir avec vous que je serais d'un tiers, de moitié ou des trois quarts dans ces bénéfices. Eh bien! l'intérêt de cinq pour cent que je stipule devoir m'être rendu en sus de mon capital, n'est autre chose que la détermination à telle somme de ma part dans les bénéfices qui doivent résulter de mon argent employé par vous. On m'opposera que je ne cours aucune des chances de la perte que vous pouvez faire de tout ou partie du capital que je vous prête , et dont vous m'êtes responsable dans tous les cas pour la totalité. Cela est vrai ; mais aussi ma part dans les profits reste-t-elle immuablement limitée à cinq mille francs , quand même vos bénéfices monteraient à cinquante , quatre-vingts et même cent pour cent. Observez, d'ailleurs, que je pourrais employer par moi-même mon argent d'une manière lucrative , et sans exposer le capital. Si j'achetais une terre , une maison , si je plaçais mes fonds à rente constituée , je retirerais des fruits naturels ou civils qui équivaudraient au moins à l'intérêt que j'en retire par le prêt. Il est donc vraiment absurde de défendre sous un nom ce que l'on permet sous un autre.

Quel serait maintenant le résultat d'une pareille loi si elle était strictement exécutée ? Que les capitalistes ne prêteraient plus leur argent ; que les négocians , manufacturiers , entrepreneurs , simples marchands , artisans eux-mêmes , faute des avances nécessaires , seraient dans l'impossibilité de se livrer aux spéculations les moins coûteuses et les moins étendues ; que tous les canaux du commerce seraient obstrués ; que toutes ressources seraient ôtées aux manufactures ; que l'industrie végéterait sans moyens ; le marchand sans crédit ; l'artisan sans travail.

Laissez donc aller le cours des choses ; ne défendez rien. Considérez le prêt à intérêt comme tous les autres contrats du droit des gens, que le droit civil ne peut assujettir à aucune forme particulière, qui ne sauraient être ni ordonnés ni défendus , dont toutes les clauses doivent être abandonnées à la volonté des contractans, et dont tout gouvernement, qui fait quelque cas de la liberté civile, doit assurer et garantir l'exécution, tant qu'ils ne renferment rien de contraire aux lois et aux bonnes mœurs.

Point de restriction à ces principes, et c'en serait une qui les détruirait radicalement, que de prétendre fixer légalement le taux de l'intérêt. La chose n'est pas plus légalement possible que de fixer le prix des terres, des maisons et des meubles. La détermination d'un *maximum* de l'intérêt de l'argent est aussi ridicule et désastreuse que celle du *maximum* que nos philosophes du comité de salut public avaient établi pour le prix des denrées et marchandises.

Mais n'est-il pas scandaleux que les lois soient obligées d'autoriser, de consacrer, de légitimer une usure aussi exhorbitante que celle dont nous sommes témoins chaque jour, lorsque nous voyons l'intérêt du prêt même sur gages porté à cinq pour cent par mois? C'est un malheur des circonstances. Mais ce serait une calamité bien plus réelle que les conventions particulières ne fussent pas respectées. En vain défendriez-vous, même sous des clauses pénales, de prêter à intérêt au-delà de tel taux : vous ne feriez qu'accroître l'usure. La nécessité la plus impérieuse de toutes les lois tient l'emprunteur sous la main du capitaliste. Il est dix mille moyens pour que le prêt le plus usuraire ait toutes les formes d'un prêt même gratuit ; et le prêteur, qui saura bien se mettre à l'abri de vos lois pénales, n'en vendra pas moins à l'emprunteur, par un nouveau surcroît d'intérêt , les risques dont il paraîtra courir la chance.

Au surplus , pourquoi l'argent est-il si cher? c'est que la concurrence des emprunteurs est plus grande que celle des prêteurs ; et que , d'une part, les besoins sont trop pressans et trop multipliés , tandis que de l'autre il n'y a pas de confiance. Or , ce ne sera jamais par des lois prohibitives et pénales que vous diminuerez les besoins et rétablirez la confiance. Ici , les moyens indirects et éloignés sont les seuls efficaces. Que les lois soient égales pour tous , que les propriétés soient assurées , l'agriculture encouragée , le commerce protégé , les manufactures activées , l'industrie vivifiée ; que surtout le gouvernement fiscal reste étranger à toutes les conventions particulières. N'empêchez et ne gênez point la circulation du travail et de l'argent , et laissez faire au tems; un juste équilibre s'établira par la force des choses , entre les besoins et les moyens de chacun.

Ceci posé , le prêt d'argent à intérêt n'est autre chose que le contrat de prêt de consomption , dont seulement la gratuité n'est plus qu'une qualité accidentelle. Les principes , les obligations , les actions sont les mêmes.

C'est ainsi qu'en ont jugé les auteurs du projet de code civil , qui ont proposé les dispositions suivantes sur le prêt à intérêt :

Du prêt à intérêt.

« Il est permis de stipuler des intérêts pour simple

prêt soit d'argent , soit d'autres choses mobiliaires.

« Le taux de l'intérêt est déterminé par des lois particulières , suivant les circonstances où l'état se trouve.

« On peut convenir que l'intérêt du prêt sera au-dessous de ce taux.

« Mais s'il a été stipulé plus fort ; il y sera réduit.

« Si l'intérêt a été payé au-dessus du taux légitime, l'excédent sera imputé , année par année, sur le capital , et le réduira ainsi annuellement d'autant.

« Les règles établies dans les deux articles précédens cessent à l'égard des négociations de commerce.

« Et à l'égard des prêts faits aux banquiers, négocians et gens d'affaires. »

PARAGRAPHE PREMIER.

Du contrat de nantissement.

Le contrat de nantissement est celui par lequel un débiteur, ou un autre pour lui , donne au créancier une chose, à l'effet de la détenir par-devers lui, pour la sûreté de sa créance ; et le créancier s'oblige de la lui rendre après que sa créance aura été acquittée.

Ce contrat est du droit des gens ; le droit civil ne l'a assujetti à aucune forme particulière.

C'est un contrat réel ; il ne reçoit sa perfection que par la tradition de la chose.

Il est intéressé de part et d'autre, car il intervient pour l'utilité des deux parties. Si c'est la chose d'autrui qui est engagée pour obliger son ami, qui est le débiteur, il y a double contrat : contrat de nantissement entre le débiteur et le créancier ; contrat de mandat entre le débiteur et le tiers.

Il est synallagmatique, puisqu'il produit des obligations réciproques.

§ I I.

Des choses qui sont de l'essence de ce contrat.

Il est de l'essence du contrat de nantissement,

1°. Qu'il y ait une chose qui en soit l'objet. Il n'y a guère que les choses corporelles et mobiliaires qui puissent être données en nantissement. Néanmoins, bien qu'une créance soit incorporelle, le titre peut être engagé, pourvu que celui qui le reçoit puisse avoir l'assurance que son débiteur n'en touchera pas le montant sans son consentement.

2°. Qu'il y ait tradition, et que le créancier soit mis réellement en possession de la chose qui lui est donnée en nantissement.

3°. Que la chose soit livrée à cette seule et unique, fin que celui qui la reçoit la détienne pour sûreté de sa créance. C'est en quoi le nantissement diffère du prêt à usage et du dépôt. Le créancier saisi d'un gage a dans la chose un droit que n'ont ni l'emprunteur ni le dépositaire.

§ I I I.

De l'étendue et des limites du droit de gage.

Le droit de gage que le créancier acquiert dans la chose engagée se borne à la détention de la chose par-devers lui, pour sûreté de sa créance. Il ne peut pas s'en servir sans voler l'usage de la chose. Si elle est frugifère, il ne saurait s'en approprier les fruits ; il ne peut que les percevoir en paiement et déduction de sa créance, sauf à compter. Quant à la détention de la chose, il y a un tel droit, que le débiteur, bien qu'il soit resté propriétaire, ne peut la dérober sans se rendre coupable de vol non de la chose, mais de la possession.

Puisque c'est pour sûreté de sa créance que le créancier détient la chose, il a conséquemment le droit de la faire vendre faute de paiement. Je dis *de la faire vendre*, car elle ne peut jamais lui être acquise de plein droit, quand même la clause en aurait été formellement exprimée dans le contrat. L'estimation doit en être faite par un expert juré, et la vente ne peut avoir lieu qu'à une criée publique et par le ministère d'un huissier. Nos lois exigeaient même que le créancier obtînt sentence préalable, qui ordonnât la vente faute du paiement dans les délais convenus. Ces lois ne sont pas révoquées ; mais on les viole si ouvertement, qu'elles semblent être tombées en désuétude.

La vente faite, le créancier, saisi du gage, a privilège sur les deniers ayant tous autres créanciers du débiteur.

Le droit de gage, au surplus, est subordonné à cette condition fondamentale que le débiteur soit propriétaire de la chose engagée, ou du moins ne l'ait donnée en nantissement que du consentement du propriétaire. Autrement, le débiteur, qui n'avait aucun droit dans la chose, n'a pu en transférer aucun à son créancier. Le propriétaire peut en tout tems réclamer sa chose.

§ I V.

Des obligations du prêteur sur gage.

La nature même de ce contrat oblige le créancier,

1°. A rendre la chose, après l'entier acquittement de la dette, à celui qui la lui a donnée en nantissement. Si elle est périe sans faute, par un accident qu'il n'ait pu ni prévoir ni empêcher, la perte est aux risques du débiteur.

2°. A donner un soin convenable à la conservation de la chose. Il n'est pas tenu de la faute très-légère, parce que le contrat n'a pas pour objet son seul intérêt; mais il est tenu du dol, de la faute grossière et de la faute légère, ainsi que dans les contrats qui se font pour l'utilité réciproque des parties.

3°. A rendre compte au débiteur des fruits qu'il a perçus de cette chose, et généralement de tout ce qui en est provenu , et à les lui porter en déduction de la dette , à imputer d'abord sur les intérêts , puis sur le principal. Dans les fruits perçus par le créancier sont compris même ceux qu'il a dû percevoir et qu'il n'a pas perçus par sa faute.

4°. Enfin , s'il a fait vendre faute de paiement , à compter au débiteur du peu de la chose et de tout ce qui lui est parvenu , et à lui remettre les deniers excédant la dette capitale , les intérêts et les frais.

§ V.

Des obligations du débiteur.

Les obligations du débiteur qui donne une chose en nantissement sont, en premier lieu , d'assurer au créancier son droit de gage dans la chose. Il en résulte que si, même de bonne foi , il a engagé une chose qui ne lui appartenait pas, sans le consentement du propriétaire, il peut être actionné par le créancier, à l'effet de substituer à cette chose une autre d'une égale valeur qui lui appartienne. Faute de quoi, il doit être condamné à la déchéance des termes qui lui avaient été accordés pour le paiement de la dette, et contraint au paiement.

Il en serait de même si le débiteur avait , sans en avertir le créancier , donné en nantissement une chose infectée d'un vice qui la rendît de nulle valeur.

La dette acquittée, le débiteur rentre dans la possession de la chose; mais il ne peut la réclamer qu'après avoir préalablement remboursé le créancier de toutes les dépenses nécessaires qu'il a pu faire pour la conservation de la chose. Cette obligation subsiste, quand même, par quelque accident de force majeure survenu depuis ces dépenses, il n'en aurait pas profité.

TROISIÈME LEÇON.

DE LA CONSTITUTION DE RENTE.

PARAGRAPHE PREMIER.

De la constitution de rente en général.

LE contrat de constitution de rente, imaginé pour suppléer au prêt à intérêt, est un contrat par lequel l'un des contractans s'oblige à payer une pension annuelle à l'autre, qui, pour prix de cette pension, donne à l'avance un capital convenu.

Cette pension ou rente est perpétuelle ou viagère : de là, deux espèces de contrats de constitution, dont les principes sont tout à fait différens. Nous allons en traiter séparément.

§ II.

Du contrat de constitution de rente perpétuelle.

Le contrat de constitution de rente perpétuelle est celui par lequel l'un des contractans vend à l'autre une rente annuelle et perpétuelle, dont il se constitue le débiteur pour un prix licite convenu entre eux, qui doit consister en une somme de deniers qu'il reçoit de lui, sous la faculté de pouvoir toujours racheter la rente lorsqu'il lui plaira, pour le prix qu'il a reçu par la constitution, et sans qu'il puisse y être contraint.

Ce contrat est du *droit civil*, qui seul en a déterminé toutes les règles substantielles. Il est *réel*, ne pouvant recevoir sa perfection que par la tradition du capital aliéné. Il ne produit d'obligations que de la part du débiteur de la rente : il appartient donc à la classe des contrats *uni-latéraux*. Enfin, il est intéressé de part et d'autre et commutatif.

§ III.

Des règles auxquelles le contrat de constitution de rente perpétuelle est assujetti.

Le droit civil a soumis la substance même de ce contrat à quatre règles fondamentales : 1°. que la rente soit créée à un taux qui n'excède pas celui réglé par la loi ; 2°. qu'elle consiste en une somme d'argent qui soit réellement comptée , ou dans le paiement d'une dette principale d'une somme d'argent ; 3º. que le prix soit aliéné , de manière que le créancier de la rente ne puisse jamais l'exiger ; 4º. que le débiteur de la rente ait , en quelque tems que ce soit , le pouvoir de la racheter , en rendant le prix qu'il a reçu.

Du taux auquel les rentes doivent être créées.

L'édit de juin 1725 , confirmatif de celui de décembre 1665 , a établi le denier vingt pour le taux légal des rentes ; c'est-à-dire que je ne puis acquérir et me faire constituer une rente de vingt sols pour un plus bas prix que de vingt livres.

Cette loi peut être violée de deux manières : *directment* , lorsque la rente est constituée de vingt sols pour le prix de dix , quinze ou même dix-neuf livres ; et *indirectement* , lorsque le contrat impose au débiteur de la rente des charges dont l'appréciation puisse équivaloir à une augmentation de la rente. Dans le premier cas , le contrat est nul ; dans le second , il n'est sujet qu'à une simple réformation.

Quoiqu'il en soit, un des principes les plus constans de cette matière , c'est que le taux des rentes n'est réglé par la loi qu'en faveur des seuls débiteurs. De là ,

1º. On peut très-légitimement acquérir une rente pour un prix plus cher que le taux de l'ordonnance : par exemple, on peut acheter vingt sols de rente pour le prix de vingt-cinq livres , de trente, de cinquante , de quelque somme que ce soit, depuis vingt livres et au-delà, sans que l'acquéreur puisse se faire restituer sous prétexte de lésion. En effet, l'acquéreur d'un immeuble peut bien être trompé sur sa valeur, et la croire infiniment plus considérable qu'elle ne l'est effectivement; aussi lui accorde-t-on l'action en rescision, en cas de lésion énorme. Mais on ne peut pas ignorer la valeur d'une rente. Si donc je me suis fait constituer une rente au denier cinquante, je ne serai pas réputé avoir été trompé sur le prix que j'ai donné; mais on présumera de ma part l'intention de faire un avantage ou une donation au constituant.

2°. Bien qu'un contrat de rente constituée pour un prix inférieur au taux légal soit frappé de nullité, et que le constituant soit débiteur de la somme qu'il a reçue pour prix de la constitution, le créancier de la rente ne peut pas demander purement et simplement la restitution de son capital, mais il doit donner au débiteur le choix ou de lui payer cette somme, déduction faite des arrérages payés, ou de lui constituer, au taux légitime, une rente pour ce qui reste dû de cette somme, qui commencera à courir du jour que le créancier a offert le choix au débiteur.

En quoi doit consister le prix de la constitution ?

Sur cette question, les anciens principes sont extrêmement rigoureux : le capital d'une rente constituée ne peut consister ni en marchandises, ni en denrées, ni en choses mobiliaires d'aucune espèce : çe doit être une somme d'argent réellement comptée et nombrée par l'acquéreur de la rente, à l'instant même du contrat. Une tradition feinte de la somme ne serait pas suffisante. Par exemple : s'il était convenu que la somme pour laquelle j'acquiers une rente resterait entre mes mains par forme de dépôt, jusqu'à l'emploi que le vendeur s'est obligé d'en faire, le contrat ne serait pas parfait, et la rente ne pourrait commencer à courir tant que la somme resterait entre mes mains.

Ce ne serait pas néanmoins une tradition feinte, si le vendeur était débiteur de quelque somme envers l'acquéreur de la rente ; la quittance que lui en donnerait celui-ci par le contrat, en paiement du prix de la constitution, tiendrait lieu d'un paiement réel, pour faire courir dès ce tems les arrérages.

De la nécessité de l'aliénation du sort principal.

A ne consulter que la sévérité des lois, il est de l'essence civile du contrat de constitution que le sort principal soit aliéné, c'est-à-dire que le créancier ne puisse jamais exiger de celui qui lui a vendu la rente, la somme pour laquelle il l'a acquise. Autrement, observe le religieux Pothier, ce ne serait plus un contrat de constitution, mais un véritable prêt à intérêt, et le débiteur pourrait imputer et déduire sur le principal tous les arrérages qu'il aurait payés.

On admettait néanmoins une exception : lorsqu'une rente était constituée pour le prix d'un héritage , ou pour un retour de partage d'immeubles, par le contrat de vente ou par le partage , la clause que le débiteur sera tenu de racheter la rente au bout d'un certain tems, était valable et ne viciait pas le contrat de constitution. Dumoulin en donne cette raison : que la clause est réputée en ce cas être une clause de la vente ou du partage.

Mais ce sont là de véritables subtilités que l'usage a très heureusement fait tomber en désuétude. Les conventions des parties font loi; on peut très-légitimement stipuler que le débiteur de la rente sera tenu de la racheter à telle époque, ou indéfiniment, sous la seule condition d'en être prévenu par le créancier six mois , un an d'avance.

Il y a même des cas où le débiteur de la rente peut être contraint au remboursement , quoique les parties ne s'en soient pas expliquées dans le contrat ; savoir, lorsqu'il manque à l'accomplissement de quelque condition du contrat : par exemple , s'il n'a pas fait l'emploi convenu des deniers capitaux de la constitution , ou s'il a faussement déclaré franc et libre de toute hypothèque l'héritage qu'il a affecté au paiement de la rente.

De la faculté que doit avoir le constituant de racheter la rente.

La quatrième règle fondamentale de tout contrat de constitution, et la seule peut être qui soit parfaitement conforme aux principes de droit et d'équité, consiste dans la faculté nécessairement réservée au constituant de se libérer de la rente en rendant le prix qu'il a reçu.

Delà, nous conclurons, 1°. que cette faculté est imprescriptible; 2°. qu'elle doit toujours être sous-entendue, bien qu'elle soit omise dans le contrat; 3°. que toute clause par laquelle cette faculté serait interdite au débiteur frapperait le contrat de nullité, et empêcherait le cours des arrérages jusqu'à ce que le créancier se fût désisté de ses prétentions; 4°. qu'il faut pareillement regarder comme nulles et de nul effet toutes clauses qui tendraient à gêner, de quelque façon que ce pût être, la faculté de rachat.

Nos lois nouvelles ont formellement consacré ce principe : toutes rentes sont rachetables à toujours.

§ I V.

Des pactes qui peuvent être insérés dans un contrat de constitution.

Il est libre aux parties contractantes d'insérer dans leur contrat toute espèce de conventions. Les principales et les plus usuelles sont relatives ou à la sûreté du fonds de la rente , ou aux arrérages, ou au rachat.

§ V.

Des pactes qui concernent la sûreté du fonds de la rente.

Parmi les clauses relatives à la sûreté du fonds de la rente , on doit distinguer principalement : celle de passer acte par-devant notaire , celle d'assignat , celle de faire emploi ou donner caution , et celle de la déclaration de franchise des héritages affectés au service de la rente.

De la clause de passer acte par-devant notaire.

Ainsi que toute obligation , une rente peut être constituée sous seing-privé ; mais le créancier peut stipuler que le débiteur sera tenu sous tel délai , ou à sa réquisition , de lui en passer acte par-devant notaire.

Cette convention est de rigueur. Le coust de l'acte est à la charge du débiteur , et même il doit à ses frais en fournir une grosse en parchemin au créancier.

Sur le refus du débiteur, le créancier peut l'assigner en reconnaissance du sous seing-privé , obtenir sentence qui déclare la constitution reconnue , et condamne le débiteur à la prestation de la rente , aux frais de l'enregistrement du sous seing-privé et aux dépens de l'instance.

De la clause d'assignat.

Rarement celui qui aliène un capital pour acheter une rente se repose-t-il sur la seule solvabilité morale de son débiteur : il veut des sûretés plus réelles. De-là, cette clause banale : que le constituant assigne la rente à l'avoir et prendre sur un certain héritage dont il se dessaisit jusqu'à due concurrence, et en saisit celui à qui la rente est constituée, déclarant le constituant ne posséder l'héritage, jusqu'à ladite concurrence, qu'à titre de constitut et de précaire. Mais, dans la vérité, cet assignat se réduit à une hypothèque spéciale ; et la rente reste toujours une dette personnelle du constituant, sans pouvoir devenir une charge foncière de l'héritage.

De la clause de faire emploi ou de donner caution.

Lorsque le constituant n'a pas d'héritage propre qu'il puisse affecter au service de la rente, il reste encore à l'acquéreur un moyen de sûreté, c'est d'imposer au débiteur l'obligation d'employer les deniers capitaux de la constitution soit à l'acquisition d'un certain héritage, soit au paiement d'une certaine dette : l'effet de cette clause est de subroger l'acquéreur de la rente aux privilèges et hypothèques soit du vendeur de l'héritage, soit du créancier de la dette acquittée.

Le constituant, au surplus, peut satisfaire à cette obligation par équipollent, *per æquipollens*. A défaut de l'acquisition de l'héritage ou du paiement de la dette, il sera pleinement libéré en donnant une caution qui fournisse des hypothèques d'égale valeur.

Mais, au moins, doit-il indispensablement remplir l'une ou l'autre de ces conditions, sous peine d'être contraint au rachat de la rente.

De la clause de déclaration de franchise de l'héritage assigné à la rente.

A la clause d'assignat d'un héritage pour sûreté du fonds de la rente, on peut joindre la déclaration du constituant que l'héritage est franc de toute autre hypothèque. Cette clause a les conséquences les plus graves : si la déclaration se trouve fausse, si, par la suite, le créancier justifie de quelque hypothèque, à laquelle étaient sujets, dès le tems de la constitution, les biens du constituant, celui-ci est réputé coupable de stellionat envers le créancier, qui, dès lors, a action contre son débiteur pour le faire condamner, et par corps, à rapporter la décharge de cette hypothèque, sinon à racheter la rente.

Mais, pour qu'il y ait lieu à cette action, il faut, 1o. que le constituant, lors de la constitution, n'ait pu ignorer la première hypothèque : par exemple, si elle procédait de son fait pour quelque dette qu'il avait lui-même personnellement contractée. 2o. Que l'acquéreur n'ait pas eu lui-même une connaissance de cette hypothèque : par exemple : si le constituant était marié , l'acquéreur n'a pas pu ignorer que ses biens étaient affectés par hypothèque légale aux reprises de sa femme : il ne peut donc pas se plaindre d'avoir été trompé : *nemo sciens fallitur.*

§ V I.

Des pactes qui concernent les arrérages.

Les principaux pactes concernant les arrérages sont :

1º. La clause de délégation des arrérages de la rente sur les fermages ou loyers de l'héritage qui lui est affecté. Cette clause n'est autre chose qu'une indication de paiement. Mais, jusqu'à ce que le créancier de la rente soit payé par les fermiers ou locataires, le constituant reste toujours débiteur desdits arrérages; et l'acceptation des délégués ne libère pas le déléguant.

2º. La clause de payer les arrérages sans aucune retenue d'impositions. Autrefois, on contestait fortement la légitimité d'une pareille stipulation , lorsque la rente était constituée au denier vingt , le taux le plus fort qui fût autorisé par la loi : on prétendait que c'était éluder la loi qui défendait d'acheter vingt sols de rente pour moins de vingt livres. Mais l'usage a prévalu que , dans tout contrat de constitution , l'acquéreur puisse stipuler le paiement des arrérages nets et sans aucune retenue d'impositions. Observons seulement que cette stipulation ne se présume jamais ; elle doit être formellement exprimée.

3o. La clause de payer par année, par sémes're ou par trimestre, en tel ou tel lieu, à tel ou tel domicile, etc. A cet égard, les conventions des parties font loi, et la teneur de l'acte doit être rigoureusement suivie.

§ V I I.

Des pactes qui concernent le rachat.

A l'égard du rachat, toute convention qui tendrait à en gêner l'exercice serait nulle. Mais on peut très-valablement stipuler :

1o. Qu'il sera fait pour une somme moindre que celle reçue par le constituant ;

2°. Qu'il pourra se faire entre les mains d'une certaine personne, comme en celles du créancier ;

3°. Qu'il pourra s'opérer en un certain nombre de paiemens ;

4°. Qu'il devra s'effectuer en espèces métalliques et sonnantes, et non en papiers de quelle que nature qu'ils soient. Eh ! qu'on ne dise pas que cette dernière clause tend à gêner la faculté du rachat ; elle empêche seulement que le constituant ne s'enrichisse aux dépens du créancier, et ne le rembourse avec des feuilles de chéne.

§ VIII.

De la nature des rentes constituées.

Autrefois on considérait une rente sous deux points de vue : par rapport aux arrérages, et par rapport au capital.

Par rapport aux arrérages, elle était la créance d'un revenu annuel et perpétuel que le débiteur pouvait faire cesser en remboursant au créancier la somme pour laquelle il l'avait acquise.

Par rapport au capital, elle était une espèce de créance personnelle d'une somme capitale qui ne pouvait pas, il est vrai, être exigée, mais qui, jusqu'au paiement facultatif de la part du constituant, produisait des arrérages dûs chaque jour, et payables chaque année, sans aucune diminution de la créance de la somme capitale.

C'est en raison de cette distinction que, dans presque toutes nos coutumes, ou pour mieux dire, dans le droit commun de la France, les rentes constituées étaient réputées immeubles. Mais aujourd'hui que nos lois nouvelles ont mobilisé toute espèce de rente, il n'y a plus lieu à considérer une rente que comme la créance d'un simple revenu annuel, dont le capital n'est jamais exigible.

En vain rappellera-t-on qu'une rente peut être assignée à l'avoir et prendre sur un immeuble : ainsi que nous l'avons observé, cet assignat se réduit à une simple hypothèque qui ne change pas la nature de la dette.

§ I X.

De la prestation et de la prescription des arrérages.

Les arrérages sont dûs chaque jour. Mais ce principe n'a d'application que dans le cas où la rente cesserait d'être dûe avant l'expiration d'un terme ; le constituant doit alors payer chaque jour échu jusqu'à celui du rachat. Autrement , le créancier ne peut exiger la prestation des arrérages qu'à la fin de chaque année , ou des termes convenus par le contrat.

Lorsque les deux contractans habitent le même ressort, c'est au domicile du créancier que la rente doit être payée. Dans le cas contraire, le domicile du constituant est le lieu du paiement, à moins qu'il n'y ait eu une convention particulière entre les parties.

Les arrérages étant exigibles chaque année, et quelquefois chaque sémestre , le créancier ne doit pas les laisser accumuler de manière à ce que le paiement en devienne trop onéreux au débiteur. Aussi les lois ont-elles introduit contre lui deux sortes de prescriptions :

1°. Les quittances de trois années consécutives d'arrérages forment une présomption de paiement des années précédentes , et conséquemment opèrent une fin de non recevoir contre la demande qu'en ferait le créancier. Cette prescription est commune à toute espèce de rentes.

2°. Par l'article LXXI de l'ordonnance de 1510, il est particulier aux arrérages des rentes constituées que, si le créancier laisse accumuler plus de cinq années, il ne peut exiger que les cinq dernières : le surplus est prescrit. Nos lois nouvelles ont adopté cette prescription, et l'ont étendue même aux rentes foncières.

QUATRIÈME LEÇON.

Suite du contrat de constitution de rente perpétuelle , — du contrat de constitution de rente viagère.

§ X.

Comment s'établit le droit de rente constituée.

TOUTE obligation d'où naît une action doit être établie par un titre écrit lorsque la valeur excède la somme de cent francs. Ainsi, le créancier d'une rente doit appuyer son droit d'une preuve écrite. Il en peut produire de trois espèces : le titre primordial, un titre récognitif et des quittances.

Le titre primordial n'est autre chose que le contrat de constitution. Il fait foi par lui-même. Il ne peut être attaqué que par l'inscription de faux , ou détruit que par une quittance de rachat.

On ne peut pas toujours justifier du titre primordial : on y supplée par un titre récognitif. Il faut ici se rappeler la distinction que nous avons faite (*deuxième cahier, leçon XIII*) entre les reconnaissances *ex certâ scientiâ*, et celles *in formâ communi*.

Les premières sont celles dans lesquelles la teneur du contrat de constitution est exprimée. Quand on n'en représenterait qu'une seule , elle ferait une foi pleine. et entière, et suffirait pour établir le droit du créancier contre le reconnaissant et ses héritiers, pourvu que le reconnaissant fût une personne majeure et eût la libre disposition de ses biens.

Observons néanmoins que même plusieurs titres récognitifs , *ex certâ scientiâ*, ne prouvent qu'à défaut de titre primordial ; car , si celui-ci paraissait , il prévaudrait sans nulle difficulté , à moins que les reconnaissances , en y dérogeant , ne renfermassent des conditions plus avantageuses au débiteur.

Les reconnaissances *in formâ communi* sont celles par lesquelles quelqu'un , en qualité d'héritier ou d'acquéreur d'un tel héritage , se charge de la prestation d'une telle rente, sans que la teneur du contrat de constitution y soit exprimée. Elles ne font pas une pleine foi de la rente contre celui qui a passé l'acte ; et un tel acte , s'il est unique , n'est pas suffisant pour obliger celui qui l'a passé à la prestation de la rente. Mais , lorsqu'il en est produit trois ou un plus grand nombre passés par des personnes qui se sont succédées l'une à l'autre , l'usage a prévalu qu'ils fissent foi de la rente. Deux même , passés à un tems éloignés l'un de l'autre, pourraient suffire selon les circonstances.

A défaut et de titre primordial et de titre récognitif, le créancier est encore admis à justifier d'actes probatifs de sa possession. Par exemple , il établira son droit, en prouvant que la rente a été consécutivement payée soit à lui , soit à ses auteurs, pendant dix , trente ou cent ans. Mais il y a des différences essentielles entre ces trois possessions :

La première n'est pas suffisante pour faire acquérir le droit de rente par prescription à celui à qui les arrérages en ont été payés ; mais elle établit en sa faveur une présomption que la rente lui est due, si celui qui a fait le service de cette rente ne justifie le contraire.

La seconde opère contre celui qui a payé les arrérages non une simple présomption que la rente est dûe, non une présomption qui peut se détruire par des preuves contraires , mais un droit de prescription qui donne un vrai droit de propriété de la rente à celui qui en a touché les arrérages si long-tems.

Avec la possession immémoriale , il n'est pas nécessaire que les quittances expriment que la somme a été reçue pour paiement d'arrérages d'une rente perpétuelle ; il suffit qu'elles soient uniformément d'une même somme, dont le créancier ait donné quittance comme d'une somme qui lui était dûe , sans s'expliquer pour quelle cause : au lieu que , dans les deux

cas précédens, les quittances doivent être spécialement causées *pour paiement d'une rente perpétuelle.*

On demande maintenant si le droit de rente serait
établi par une seule quittance ainsi conçue : *Un tel a
payé la somme de tant pour tant d'années d'arrérages
d'une rente perpétuelle de la somme de tant par chacun
an, constituée au profit d'un tel par contrat de constitution passé en tel tems.* Dans la rigueur des principes, cette quittance ne fait pas une pleine foi de
la rente contre celui à qui elle a été donnée, parce
que l'acte n'a pas été fait pour la fin de reconnaître
la rente, et de s'y obliger pour l'avenir. Mais la jurisprudence paraît avoir établi, qu'appuyée de quelques autres documens, cette reconnaissance équivau-
drait à un titre, au moins provisoirement. On peut la
classer parmi les actes probans jusqu'à preuve du
contraire.

§ X I.

Des manières dont s'éteignent les rentes constituées.

Les rentes constituées s'éteignent par la novation,
par la confusion, par la remise qu'en fait le créancier,
par la compensation, et surtout par le rachat. Nous
ne parlerons que de ce dernier mode d'amortisse-
ment.

Il est de l'essence de tout contrat de constitution
de rente perpétuelle que le débiteur ait imprescrip-
tiblement la faculté de racheter la rente, sans pouvoir jamais y être contraint.

Ce droit, ouvert dès l'instant du contrat au profit du constituant, est transmissible à perpétuité à ses héritiers, et à tout successeur, même à titre singulier.

Mais, pour que le rachat soit valable et qu'il éteigne la rente, il ne peut être fait qu'au créancier de la rente qui ait la libre disposition de ses biens, ou à quelqu'un qui ait, soit pouvoir de lui, soit qualité légale de consentir pour lui. Si donc la rente est dûe à un mineur, à un interdit, à une femme en puissance de mari, à une communauté, le remboursement ne sera fait valablement qu'au tuteur, curateur, mari, syndic ou administrateur.

J'ajouterai, comme principe irréfragable, que le rachat ne peut jamais se faire que pour le total, et que le créancier ne saurait en aucun cas être obligé de le souffrir pour partie.

Ainsi, dans les anciennes lois, quoique la rente, par la mort du débiteur qui l'avait constituée, fût divisée entre ses héritiers, et que chacun d'eux ne fût personnellement tenu de la payer et continuer que pour sa part héréditaire, néanmoins, chacun de ces héritiers ne pouvait obliger le créancier à en souffrir le rachat, si ce n'est pour le total. L'obligation de payer les arrérages échus, et tous ceux qui devaient écheoir à l'avenir, se divisait entre les héritiers : mais il en était autrement du principal de la rente ; le principal n'était pas proprement dû : il n'est pas *in obligatione*, il n'est que *in facultate luitionis et redemptionis :* il est donc pour les héritiers une dette indivisible.

On comptait encore autrefois, parmi les manières d'éteindre les rentes, la prescription de trente ans, si le titre était passé sous seing-privé, et celle de quarante ans, si le titre était notarié. Mais cette assertion, que les docteurs de l'école répètent tous les uns après les autres, est contraire à tous les principes de droit. La prescription ne peut courir que contre les obligations échues, et on ne l'admet que comme peine de la négligence du créancier qui a laissé passer un si long-tems sans user de son droit. Or, le capital d'une rente n'est jamais exigible ; le créancier ne peut jamais être réputé coupable de n'avoir pas demandé ce qu'il n'avait pas le droit de demander : il serait donc absurde de l'en punir. D'ailleurs, une pareille jurisprudence favoriserait trop ouvertement la mauvaise foi du débiteur. Lui seul est possesseur des quittances dont le créancier tire rarement un *du-plicata ;* en les supprimant, il peut, à sa volonté, acquérir la prescription dès que trente ans se seront écoulés depuis le contrat de constitution.

Il y a enfin contradiction dans ce prétendu droit de prescription. En effet, on affirmait aussi que le capital des rentes foncières se prescrivait par trente ans, et, en même tems, on ajoutait que les arrérages ne se prescrivaient que par trente ans ; c'est-à-dire que le créancier ne pouvait demander que vingt-neuf années et la courante. Mais, en défendant à un créancier de de-

mander plus de vingt-neuf années échues , vous re-
connaissez qu'il lui en est dû un plus grand nombre.
Eh bien ! en ce cas , le débiteur aurait acquis la prescription pour le capital , et il serait libéré tant des arrérages échus que de ceux à écheoir. Pourquoi donc
l'astreindre à payer les vingt-neuf dernières années ,
la courante et les futures à mesure qu'elles écherront ?
Il est donc bien évident que la prescription des arrérages par trente ans est incompatible avec la prescription du capital par le même nombre d'années.

Revenons donc aux principes , et concluons qu'il
n'y a que les arrérages de prescriptibles , parce
qu'eux seuls sont exigibles.

———

Voici tout ce que dit le projet de code civil sur les
rentes perpétuelles. C'est à peu près l'analyse des
principes que nous venons d'exposer :

« On peut stipuler un intérêt moyennant un
capital que le prêteur s'interdit d'exiger.

« Dans ce cas , le prêt prend le nom de constitution de rente,

« Cette rente peut être constituée de deux manières, en perpétuel ou en viager.

« Le taux des rentes viagères est déterminé au
titre XIX du présent livre.

« Celui des rentes perpétuelles l'est par le réglement qui fixe le taux de l'intérêt en général.

« La rente constituée est essentiellement rachetable.

« Les parties peuvent seulement convenir que

le rachat ne sera pas fait avant un délai qui ne peut excéder dix ans , ou sans avoir averti le créancier au tems d'avance qu'elles détermineront.

« Le débiteur d'une rente constituée peut être contraint au rachat,

« 1°. S'il cesse de remplir ses obligations pendant trois années ;

« 2°. S'il manque à fournir au prêteur les sûretés promises par le contrat.

« Si le débiteur vend un immeuble dont les hypothèques soient purgées par des lettres de ratification ,

« Si ses biens sont saisis réellement et vendus par décret forcé ,

« S'il fait faillite ou tombe en déconfiture ,

« Le capital de la rente constituée devient exigible, mais jusqu'à concurrence seulement de la somme pour laquelle le créancier entre utilement dans l'ordre ou la distribution.

« Le débiteur peut encore être contraint au rachat par sa caution , dans le tems qui a été fixé au contrat, s'il en a été fixé quelqu'un ; ou après dix ans , s'il n'en a pas été fait mention dans l'acte.

« Les intérêts des sommes prêtées , et les arrérages de rentes viagères et constituées , ne peuvent produire intérêt que du jour de la demande judiciaire formée par le créancier , et lorsqu'il s'agit au moins d'intérêts d'une année entière. »

Du contrat de constitution de rente viagère.

PARAGRAPHE PREMIER.

De la nature de ce contrat.

Le contrat de constitution de rente viagère est une espèce de contrat de vente, par lequel vous me vendez une rente viagère, dont vous vous constituez débiteur pour le prix d'une certaine somme d'argent que vous recevez de moi.

On appelle *rente viagère* toute pension annuelle, dont la durée est bornée au tems de la vie d'une ou de plusieurs personnes.

Ce contrat est *intéressé de part et d'autre*, puisque chacun entend recevoir l'équivalent de ce qu'il donne, soit en quelque chose de réel, soit en risque ou en espérance : *Aléatoire*, car si la personne sur la tête de qui la rente a été constituée meurt peu de tems après le contrat, le constituant a donné, en équivalent de la somme qu'il a reçue, le risque qu'il a couru de payer long-tems la rente, si cette personne eût vécu long-tems : *Réel*, en effet, ce n'est que du jour du paiement du prix de la rente que l'obligation du constituant est contractée, et que la rente commence à courir : *Unilatéral*, n'y ayant que le constituant qui puisse être obligé par ce contrat.

§ I I.

Des choses qui sont de son essence.

Deux choses sont principalement de l'essence du contrat de constitution de rente viagère :

1°. Qu'il y ait une personne sur la tête de laquelle la rente soit constituée. C'est ordinairement le créancier lui-même, mais ce peut être aussi une tierce personne ; on peut même constituer une rente sur plusieurs têtes. Mais, dans tous les cas, il faut que la personne indiquée existe au moment du contrat ; autrement, point d'obligation faute d'une chose qui en soit l'objet. Si même cette personne, quoique vivante au moment du contrat, était dangereusement atteinte d'une maladie ignorée des contractans, et dont elle est morte peu de tems après, le contrat serait encore nul par cet autre principe : que l'erreur annulle le contrat lorsqu'elle tombe sur la qualité substantielle de la chose que les contractans ont eue principalement en vue. Or, ici, la rente que le constituant se proposait de vendre, et que l'autre partie se proposait d'acheter, était une rente sur la tête d'une personne en santé, et de qualité à pouvoir avoir une durée un peu considérable, et non une rente sur la tête d'un moribond, qui ne pouvait durer, qui n'était d'aucune valeur, et dont on n'aurait pas osé proposer l'acquisition si on eût eu connaissance de la maladie.

2°. Comme dans le contrat de constitution de rente

perpétuelle, le prix de la rente viagère est aliéné à jamais, et même bien plus irrévocablement ; car il n'y a pas même espérance pour le créancier d'en être un jour remboursé , puisque la faculté de rachat est interdite au constituant.

§ I I I.

En quoi ce contrat diffère de celui de constitution de rente perpétuelle.

Je noterai six différences essentielles entre le contrat de rente viagère et celui de rente perpétuelle :

1°. Lorsqu'un héritage hypothéqué à une rente perpétuelle est saisi réellement , le créancier de ladite rente , opposant à la saisie, et colloqué en ordre utile pour recevoir , a droit d'exiger la somme entière qui forme le principal de la rente. Il n'en est pas ainsi d'une rente viagère qui n'a pas de principal , et dont la valeur diminue beaucoup par le tems et à mesure que la personne sur la tête de qui elle est constituée devient plus âgée et plus infirme. Le créancier ne peut pas toujours exiger la somme capitale qu'il a payée originairement , mais seulement celle qui , au tems de la confection de l'ordre , sera estimée suffisante pour lui acquérir une rente viagère de pareille somme.

2°. La caution d'une rente perpétuelle peut poursuivre le débiteur au bout d'un certain tems pour lui en rapporter décharge. Mais cette faculté n'est pas accordée à la caution d'une rente viagère, attendu que cette espèce de rente ne peut s'éteindre que par la mort de la personne sur la tête de qui la constitution est faite, et que la caution a dû s'attendre à rester obligée jusqu'à cette époque.

3º. Le contrat de constitution de rente perpétuelle ne peut se faire que sous la faculté de rachat; par celui de rente viagère, le constituant est privé de ce droit.

4º. Il y a un taux réglé par la loi pour la constitution des rentes perpétuelles; la loi n'en a réglé aucun pour la constitution des rentes viagères. *

5º. Les rentes perpétuelles ne peuvent être constituées qu'en argent; celles viagères peuvent l'être en espèces, grains et toutes choses fungibles.

6º. Toute rente perpétuelle est saisissable dans tous les cas possibles. Les rentes viagères ne le sont que lorsqu'elles ont été constituées à titre onéreux.

§ I V.

Des clauses particulières au contrat de rente viagère.

Les contrats de rente viagère sont susceptibles des mêmes clauses à peu près que ceux de rentes per-

---

* Les auteurs du projet de code civil ont cru devoir régler un taux proportionné à l'âge de l'acquéreur de la rente. On en trouvera les dispositions à la fin de cette leçon.

pétuelles. Mais il en est deux qui lui sont particulières :

1°. On stipule quelquefois qu'après la mort de celui
à qui la rente viagère est constituée , le constituant
rendra aux héritiers une certaine partie de la somme
qu'il a reçue lors de la constitution. Il existe alors
deux contrats : un contrat de vente de la rente viagère
pour le prix de la somme qui doit rester au constituant , et un prêt gratuit qui lui est fait de celle
qu'il doit rendre.

2°. On peut convenir aussi qu'après la mort de
celui à qui la rente viagère est constituée , le constituant continuera à ses héritiers une rente de telle
somme, rachetable de telle autre somme ; comme si ,
pour 3000 liv. reçues de vous, je vous constituais une
rente viagère de 200 liv. , laquelle après votre mort
sera réduite à 50 liv. , jusqu'au rachat qui s'en pourra
faire de la somme de 1000 livres.

§ V.

Comment s'éteignent les rentes viagères.

Il n'est qu'une manière d'éteindre une rente viagère , c'est la mort naturelle de celui sur la tête
duquel elle est constituée. La mort civile du créancier ne l'éteint dans aucun cas ; elle doit être con-
tinuée à ses héritiers jusqu'à sa mort naturelle.

Dispositions de projet du code civil sur le taux des rentes viagères.

« La rente viagère peut être constituée au taux que les parties contractantes jugent à propos, sauf les exceptions ci-après :

« Si celui sur la tête duquel elle est créée, est âgé de moins de cinquante ans, la rente viagère ne peut excéder le double du taux ordinaire et légal de l'argent.

« Depuis cinquante jusqu'à soixante, elle ne peut excéder le double, et le cinquième en sus de ce double ;

« De soixante jusqu'à soixante-dix, le double, et moitié en sus de ce double ;

« A soixante-dix et au-dessus, elle ne peut excéder le double, et les trois quarts en sus de ce double.

« Si la rente est créée sur deux têtes, elle doit être réduite ;

« Au double, moins un dixième, si l'une et l'autre ont au-dessous de soixante-dix ans ;

« Au double, moins deux dixièmes, si l'une et l'autre ont au-dessous de soixante ans ;

« Au double, moins trois dixièmes, si l'une et l'autre ont au-dessous de cinquante ans.

« S'il y a plus de deux têtes, en quel que nombre qu'elles soient, et quel que soit leur âge, la rente doit être réduite au double, moins trois dixièmes.

« La rente qui excède les taux ci-dessus n'est point nulle , mais simplement réductible.

« Si la rente n'est constituée qu'aux taux ordinaire de l'argent , ou n'excède le taux que de très-peu de chose , le contrat est réputé avantage indirect déguisé.

« Il n'est pas néanmoins nul , faute d'y avoir observé les formalités requises pour les donations ; mais il est réductible à la portion dont celui qui a fourni le fonds pouvait disposer.

« Dans le cas de l'article précédent , si celui qui a constitué la rente était incapable de recevoir de la part de celui qui a fourni le prix , le contrat peut être attaqué comme nul , après le décès de ce dernier , par ses héritiers , sans être obligés de restituer les arrérages perçus par le défunt.

« Il ne peut l'être par le constituant , ni par celui qui a fourni le prix.

« Si la rente viagère a été constituée au profit d'un tiers qui n'en a point fourni le prix , et qui était incapable de recevoir de la part de celui qui a fourni ce prix , les héritiers de celui-ci peuvent demander la nullité de la stipulation contre le tiers , et exiger du constituant , à leur profit , la continuation de la rente pendant la vie de celui sur la tête duquel la rente est créée. »

CINQUIÈME LEÇON.

Du contrat de cautionnement.

PARAGRAPHE PREMIER.

Principes fondamentaux de ce contrat.

LE cautionnement est un contrat par lequel quelqu'un s'oblige pour un débiteur envers le créancier à lui payer en tout ou partie ce que ce débiteur lui doit, en accédant à son obligation.

On appelle caution ou fidéjusseur celui qui contracte une pareille obligation.

En accédant aux engagemens de celui qu'il cautionne, le fidéjusseur se constitue débiteur du créancier, mais en même tems il devient créancier du débiteur principal. Cette créance résulte ou d'un contrat de mandat, si c'est au su et vu de ce débiteur principal qu'il l'a cautionné, ou du quasi-contrat *negotiorum gestorum*, si c'est en son absence et à son insu.

Avant d'entrer dans la discussion des différentes espèces de cautionnemens et de leurs effets divers, je crois devoir établir quelques principes préliminaires qui serviront à l'éclaircissement de toutes les difficultés de cette matière.

Premier principe. — Pour la validité de l'obligation accessoire du fidéjusseur, il faut qu'il y ait une obligation d'un principal débiteur qui soit valable. Si donc vous n'étiez pas véritablement créancier de celui pour qui Pierre s'est obligé envers vous, Pierre n'est pas obligé, l'obligation accessoire ne pouvant subsister sans une obligation principale.

Second principe. — Le fidéjusseur, en s'obligeant pour quelqu'un, ne le décharge pas de son obligation, mais seulement en contracte une qui accède à la sienne : en quoi le fidéjusseur diffère de celui que nous nommons en droit *ex promissor*, lequel s'oblige envers le créancier, de manière que le créancier l'accepte pour débiteur en la place de l'autre qu'il décharge.

Troisième principe. — Le fidéjusseur ne peut valablement s'obliger qu'à la prestation de la chose même à laquelle le débiteur principal est obligé, ou à la prestation d'une partie de cette même chose. C'est pourquoi vous ne pouvez pas vous rendre caution envers moi de cent muids de bled en faveur de quelqu'un qui me doit 2000 livres : ce cautionnement serait nul. Mais vous pouvez cautionner de 2000 livres celui qui me doit cent muids de bled ; car l'argent étant l'estimation commune de toutes choses, celui qui me doit cent muids de bled, valant 2000 livres, me doit véritablement 2000 livres. Celui-là donc qui cautionne ce débiteur de 2000 livres ne s'oblige pas à quelque chose de différent de ce qui est dû par l'obligation principale.

Quatrième principe. — Le fidéjusseur ne peut pas s'obliger à des conditions plus dures que le débiteur principal. Or, la condition peut être plus dure *quantitate, die, conditione et loco.*

Quantitate. Si donc quelqu'un s'est rendu caution d'une somme déterminée de 300 livres pour un débiteur dont la dette n'est pas encore liquidée, cette fixation de 300 livres n'est censée faite qu'au profit du fidéjusseur et au seul effet qu'il ne soit pas tenu de payer davantage si la dette est portée plus haut par la liquidation. Mais si la dette liquidée est réduite à 250 livres, l'obligation du fidéjusseur est réduite de plein droit à 250 livres; il est même restituable jusqu'à 50 livres, s'il avait à l'avance payé les 300 liv.

Die et conditione. Ainsi, lorsque le débiteur prinpal s'est obligé purement et simplement, la caution peut s'obliger valablement à payer dans un certain tems ou sous une certaine condition. Mais, au contraire, si le débiteur principal ne s'est obligé qu'à payer sous une certaine condition qui soit encore pendante, ou dans un certain terme qui ne soit pas encore expiré, le fidéjusseur ne peut pas s'obliger à payer pour lui présentement et à la première condition du créancier.

Loco. Le lieu du paiement peut aussi rendre l'obligation plus dure; c'est pourquoi si la caution promettait de payer dans un lieu plus éloigné que celui dans lequel le débiteur principal doit payer, le cautionnement ne serait pas valable.

Cependant cette nullité, prononcée par le droit dans ces différens cas, n'a pas lieu dans l'usage. Le cautionnement est seulement réductible à la mesure de l'obligation principale. Cette jurisprudence est consacrée par le projet de code civil, qui s'exprime ainsi : (livre III, titre V, chapitre premier, article II.) « Le cautionnement qui excède la dette, ou qui est « contracté sous des conditions plus dures, n'est point « nul, mais seulement réductible à la mesure de l'ac- « tion principale. »

Au surplus, ce principe, qu'un fidéjusseur ne peut pas s'obliger à des conditions plus dures, n'a rapport qu'à ce qui est dû et fait l'objet de l'obligation, et non à la qualité du lien qui peut être plus étroit et plus fort dans le fidéjusseur que dans le débiteur principal.

Exemples : 1°. Le fidéjusseur qui accède à une obligation purement naturelle est plus étroitement obligé que le débiteur principal, puisqu'il peut être contraint à payer, tandis que le créancier n'a aucune action contre le débiteur principal. 2°. Le fidéjusseur d'un mineur est souvent plus étroitement obligé que le débiteur principal, qui, s'il a été lésé, peut être restitué, au lieu que le fidéjusseur est lié sans espérance de restitution. 3°. Une caution judiciaire est contraignable par corps, quoique le débiteur principal ne le soit pas, *puta*, si c'est un mineur non marchand,

une femme non marchande publique , un septuagénaire.

Cinquième principe. — Il est dans la nature des
choses accessoires de ne pouvoir subsister sans la
chose principale : de là , l'extinction de l'obligation
principale entraîne nécessairement celle du fidéjusseur. Ainsi , toutes les fois que le débiteur principal
est libéré soit par paiement réel , soit par compensation , soit par la remise qui lui a été faite , le fidéjusseur cesse d'être obligé.

Il est encore libéré par la novation que le débiteur
principal ferait de sa dette; car la novation éteint radicalement la dette ancienne pour le principal et pour
les accessoires , sans aucune réfusion possible dans la
dette nouvelle.

La confusion produit le même effet : soit que le
créancier devienne l'héritier du débiteur principal,
soit que celui-ci succède au créancier , il n'y a plus
d'obligation principale , et dès lors plus d'obligation
accessoire.

Il y a plus de difficulté sur l'extinction de la dette
du fidéjusseur lorsque le débiteur principal n'est pas
libéré de plein droit, mais par quelque exception
d'où résulte une fin de non recevoir. Il faut alors
distinguer entre les exceptions personnelles et les exceptions réelles.

Les exceptions personnelles sont celles qui sont
fondées sur quelque raison applicable à la seule personne du débiteur principal. De ce nombre sont celles

déduites de l'insolvabilité ou du peu de solvabilité du débiteur principal, ou du privilège personnel qu'il a de ne pouvoir être contraint sur son nécessaire , ou de la cession qu'il fait de ses biens en justice. Dans tous ces cas , la loi n'accorde pas au débiteur le droit de ne pas payer du tout , mais seulement de ne payer , quant à présent , que jusqu'à concurrence de ses moyens. Il reste toujours obligé pour le surplus , et cette obligation , quoique aujourd'hui suspendue , suffit pour donner , dès à présent , ouverture à l'obligation des fidéjusseurs.

Il en est ainsi d'un contrat d'atermoiement accordé au débiteur principal par ses créanciers réunis , et homologué avec le créancier de *Cujus*. Ce débiteur a obtenu remise pour une partie de ses dettes , et certains délais pour le surplus. Il est évident que l'exception ouverte par ce contrat au débiteur principal , contre la demande qui serait donnée contre lui avant les termes accordés , ou contre la demande de ce qui lui a été remis , ne saurait profiter aux fidéjusseurs. C'est même une vérité de fait que les cautionnemens n'ont été imaginés que dans l'intention de pourvoir à de pareils accidens.

Les exceptions réelles sont celles qui sont tirées de la chose même , de la dette elle-même : telles sont les exceptions de dol , de violence , du serment décisoire , et de la chose jugée. Ces moyens de défense n'ont rien qui soit personnel au débiteur principal ; ils sont puisés dans le contrat même. Lorsqu'ils sont

admis, le débiteur principal est entièrement libéré;
l'obligation primitive s'évanouit : dès lors plus d'o-
bligation accessoire des fidéjusseurs.

§ I I.

Des différentes espèces de cautions.

Nous reconnaissons trois différentes espèces de
cautions : conventionnelles, légales et judiciaires.

Les cautions conventionnelles sont celles qui interviennent par la convention des parties dans les différens contrats, comme dans le prêt, la vente, le
louage, etc. , etc. La loi garantit ces cautions, mais
elle ne les ordonne pas ; ce sont les parties seules
qui règlent toutes les conditions de l'obligation tant
accessoire que principale.

Les cautions légales sont celles que la loi ordonne
de fournir à certaines personnes, comme à un dona-
taire universel, ou à tout autre usufruitier, pour jouir
des biens dont l'usufruit lui a été donné ou cédé.

Les cautions judiciaires sont celles qui sont ordon-
nées par le juge. Par exemple : lorsqu'un tribunal
autorise quelqu'un à toucher une somme par provision, il le soumet en même tems à donner caution
de la rapporter, s'il est dit que faire se doive.

§ I I I.

Des qualités requises pour qu'une personne soit reçue à être caution.

On ne peut pas présenter toute espèce de personne pour caution ; il en est que la loi ou le créancier peuvent rejeter.

1°. Et, avant toutes choses, il faut que cette personne soit capable de contracter et de s'obliger légalement : ainsi, les fous, les interdits, les pupilles, les femmes mariées non autorisées, ne peuvent être reçus comme cautions.

Les mineurs émancipés eux-mêmes peuvent être refusés. Il y a plus, les mineurs marchands qui cautionneraient un autre marchand pour une affaire de commerce à laquelle ils n'auraient aucun intérêt, seraient restituables ; car leur qualité de marchands ne leur interdit la faculté de la restitution que pour les affaires de leur propre commerce.

2°. La caution présentée doit être solvable et avoir un bien suffisant pour répondre de l'obligation principale. C'est à elle à justifier de sa solvabilité par le rapport de ses titres de propriété.

On ne fait aucune considération des biens-meubles, attendu qu'on peut les aliéner d'un moment à l'autre, et qu'ils n'ont pas de suite par hypothèque. Néanmoins, lorsque la dette est modique et à terme rapproché, on admet pour cautions des marchands qui ont un commerce bien établi, quoique leur fortune soit toute mobiliaire.

On n'a pas plus d'égard aux immeubles litigieux, ou à ceux qui sont situés dans un pays trop éloigné, où la discussion serait trop difficile.

3°. Le fidéjusseur doit être domicilié dans le lieu où le cautionnement doit être fourni ; mais ce principe n'est suivi rigoureusement que pour les cautions conventionnelles, dans lesquelles le débiteur a le tems et les moyens de choisir sa caution.

4°. Le créancier peut récuser une personne puissante, si solvable qu'elle puisse être. Si l'on me présentait Bonaparte pour caution, je serais en droit de le récuser.

5°. Il est particulier aux cautions judiciaires que la personne présentée pour caution soit contraignable par corps. Ainsi, une femme mariée, quoique autorisée, un septuagénaire, ne sont pas susceptibles de cette espèce de cautionnement.

§ I V.

Des cas auxquels le débiteur peut être obligé de donner une seconde caution en remplacement de la première.

La caution donnée avait toutes les qualités requises ; mais, par une suite de malheurs imprévus, elle est devenue insolvable : le débiteur doit-il la remplacer ? Oui, sans doute, s'il s'agit d'une caution légale et judiciaire.

Si c'est une caution conventionnelle ; ou il s'était engagé à donner une caution indéterminément, ou, dès l'origine, il s'était engagé à contracter sous la condition d'un tel. Dans le premier cas, il doit, jusqu'à l'entière extinction de sa dette, pourvoir au remplacement de sa première caution, parce qu'il s'est engagé envers son créancier à ce que celui-ci fût toujours muni d'une caution. Dans le second cas, il ne doit point un second fidéjusseur, parce qu'il ne s'est engagé qu'à fournir telle personne pour caution ; cette personne est pour lui comme un corps certain, dont la perte, survenue sans sa faute, le libère de son obligation.

Mais qu'arrivera-t-il si le débiteur qui a promis une caution n'en trouve pas ? pourra-t-il valablement donner des gages à la place ? oui. Quel est en effet l'intérêt du créancier ? d'avoir une sûreté de sa créance. Or, il la trouve dans des gages plus encore que dans une caution. *Plus cautionis est in re quam in personâ ; tutius est pignori incumbere, quam in personam agere.*

SIXIÈME LEÇON.

SUITE DU CAUTIONNEMENT.

§ V.

*Pour qui, envers qui, pour quelle obligation, et comment
le cautionnement peut-il être fait ?*

On peut se rendre caution,

1°. Pour quelque débiteur que ce soit , même pour
une succession vacante , même pour un impubère,
un fou , un interdit , mais seulement pour les causes
pour lesquelles ces personnes peuvent être , sans aucun
fait de leur part , valablement obligées.

2°. Envers tout créancier quelconque de celui
pour qui on s'oblige.

3°. Pour toute espèce d'obligation , même pour
une obligation purement naturelle qui ne produit pas
d'action dans le droit civil , pourvu que cette obligation naturelle ne soit pas radicalement nulle : ainsi,
on ne peut pas cautionner une femme qui contracterait sans l'autorisation de son mari. On peut encore
se porter caution de l'obligation d'un fait personnel,
dont la prestation ne peut se faire que par le débiteur principal ; car cette obligation se convertit en

dommages et intérêts que la caution peut payer. On peut enfin accéder non-seulement à une obligation principale, mais à un premier cautionnement ; non-seulement à une obligation déjà contractée, mais à celle qui doit se contracter, de manière que l'obligation accessoire n'existera que du jour où sera contractée l'obligation principale.

4°. Par acte notarié, par acte sous seing-privé, et même par lettre missive. Mais, dans ce dernier cas, il faut que les termes de la lettre soient positifs. Si donc je vous ai écrit : *vous pouvez en toute sûreté prêter à Pierre telle somme d'argent, c'est un homme de probité, avec lequel il n'y a rien à perdre*, vous ne serez pas reçu à me poursuivre comme caution. Quand même je serais entré en paiement avec vous pour un tel, je ne suis engagé à rien ; les premiers paiemens que j'ai faits ne me constituent par caution du surplus. Enfin, bien qu'il soit dit dans un acte qu'il a été passé en ma présence, et que je l'aie signé, il n'en faut pas conclure que je sois caution. Je suis censé n'avoir signé que comme témoin.

Ajoutons que les cautions judiciaires s'obligent au greffe du tribunal par un acte que reçoit le greffier.

§ V I.

De l'étendue des cautionnemens.

Ce sont les termes de l'acte qui déterminent l'étendue des cautionnemens. Lorsque je me décide à me porter caution pour quelqu'un, c'est à moi de bien stipuler pour quelle somme, pour quelle cause, sous quelle condition, jusqu'à quelle concurrence, sous quelle réserve j'entends être caution.

Mais si j'ai exprimé mon cautionnement en termes généraux et illimités, j'accède en tout et pour tout à l'obligation du débiteur principal. Ainsi, je serai tenu non-seulement du capital, mais des intérêts, tant de ceux qui sont dûs par la nature de la chose, que de ceux que produit la demeure du débiteur. Je paierai même les frais qui ont été faits contre le principal obligé, car ces frais sont un accessoire de la dette.

Supposons, par exemple, qu'en cautionnant envers vous votre fermier, j'ai dit en terme généraux que je me rendais caution du bail, je serai tenu non-seulement du paiement des fermages, mais aussi des dégradations, de la restitution des avances, des meubles qui ont été laissés au fermier pour l'exploitation de la ferme ; enfin, des dommages et intérêts pour les anticipations que le fermier aurait laissé faire.

V I I.

Comment s'éteignent les cautionnemens.

Les cautionnemens s'éteignent des mêmes manières que toutes les autres obligations. Mais deux choses sont principalement de là nature de cette espèce d'obligation.

1°. Que l'extinction de la dette principale entraîne l'extinction de la dette accessoire. C'est la seule obligation dont on puisse être libéré sans aucune espèce de paiement de la part du débiteur.

2°. Que la caution soit déchargée, lorsque le créancier s'est mis par son fait hors d'état de céder ses actions contre quelqu'un des débiteurs principaux, auquel le fidéjusseur avait intérêt d'être subrogé.

Le fidéjusseur est encore libéré lorsque le créancier a reçu volontairement du débiteur quelque héritage en paiement d'une somme d'argent qui lui était dûe, quand même long-tems après il souffrirait éviction de cet héritage. En effet, bien qu'en ce cas le paiement ne soit pas valable, la propriété de la chose donnée en paiement n'ayant pas été transférée au créancier, et que l'obligation principale snbsiste, la caution ne doit pas souffrir préjudice de l'arrangement particulier qui est intervenu entre le débiteur principal et le créancier. Or, cet arrangement a ôté le moyen au fidéjusseur de pouvoir, en payant le créancier pendant que le débiteur était solvable, répéter de ce débiteur la somme dont il l'avait cautionné. Ce préjudice est irréparable ; il dérive du fait du créancier ; lui seul doit en être responsable.

Portera-t-on la même décision dans le cas où le créancier aurait simplement accordé au débiteur une prorogation de terme, et que, dans les délais de cette prorogation, le débiteur serait devenu insolvable ? Non ; car cette prorogation de terme ne peut pas être regardée par le fidéjusseur comme une extinction de la dette (ce qu'il a dû présumer dans l'espèce précédente , en voyant un héritage donné en paiement.) Elle ne lui a pas ôté le moyen de pourvoir à son indemnité et d'agir contre le débiteur, s'il s'était aperçu que sa fortune commençait à se déranger. Il ne peut donc pas prétendre que cette prérogation de terme lui a fait tort , puisqu'il en a profité lui-même.

§ V I I I.

|*Des bénéfices accordés aux fidéjusseurs.*

La loi accorde aux fidéjusseurs, poursuivis par le créancier , trois sortes de bénéfices : celui de discussion, celui de division et celui de subrogation. Examinons les séparément.

§ I X.

De l'exception de discussion.

Le bénéfice de discussion est une exception par laquelle un fidéjusseur renvoie le créancier qui lui demande le paiement de sa dette, à discuter auparavant les biens du débiteur principal.

Voici les principales règles que l'on peut donner sur cette matière :

1°. Cette exception est refusée aux cautions judiciaires, et à tout fidé-jusseur qui, par l'acte de cautionnement a renoncé à ce privilège. La renonciation est présumée lorsqu'il est dit dans l'acte que la caution s'oblige comme débiteur principal. Mais il ne faudrait pas l'inférer de ces mots qui se trouvent à la fin de presque tous les actes, *promettant, obligeant, renonçant*, etc. ; ce terme *renonçant*, vague et indéterminé, sans qu'on exprime à quoi les parties renoncent, ne peut être regardé que comme un pur style qui ne signifie rien.

2°. Le créancier n'est obligé à discuter le débiteur principal avant le fidéjusseur que lorsque celui-ci le demande. C'est pourquoi toutes les poursuites commencées contre le fidéjusseur sont bien faites, jusqu'à ce qu'il ait opposé l'exception de discussion. Si même il attend pour l'opposer que la contestation soit engagée au fond, il n'y est plus recevable ; il y a tacitement renoncé en contestant au fond : à moins, cependant, que les biens dont il demande la discussion ne soient échus au débiteur depuis la contestation en cause.

3°. Lorsque la discussion est opposée, le créancier, s'il n'a pas de titre exécutoire contre le débiteur, doit l'assigner et obtenir jugement contre lui. En vertu de ce jugement, ou de son titre exécutoire, s'il en a un, il procède par commandement, et fait saisir et exécuter les meubles qui sont dans la maison du débiteur.

S'il n'y en a point sur lesquels on puisse asseoir une exécution, l'huissier doit le constater par un procès-verbal de carence de meubles ; et ce procès-verbal tient lieu de discussion mobiliaire.

Quatrième cahier. E

A l'égard des autres biens-meubles et immeubles que pourrait avoir le débiteur, le créancier, n'étant pas obligé de les connaître, n'est pas obligé de les discuter s'ils ne lui sont indiqués par la caution. Cette indication doit se faire en une fois ; on doit y comprendre tous ceux qu'on veut que le créancier discute : on ne serait pas recevable, après la discussion de ceux indiqués, à en indiquer d'autres.

On ne peut contraindre le créancier à discuter ni les biens litigieux, ni ceux situés hors du territoire français, (ni même, selon le projet de code civil, ceux situés hors le ressort du tribunal d'appel) ni ceux hypothéqués à la dette qui ne sont plus au pouvoir du débiteur.

4°. Lorsque plusieurs débiteurs principaux ont contracté une obligation solidaire, et que l'un d'entre eux a donné un tiers pour caution, cette caution peut-elle exiger du créancier qu'il discute auparavant les biens de tous les débiteurs principaux? Oui, sans doute : en effet, bien que, dans cette espèce, il ne semble être que la caution d'un seul débiteur, il ne répond pas moins de l'insolvabilité des autres débiteurs si elle vient à porter sur celui qu'il a cautionné ; car il ne l'a pas cautionné de sa part seulement, mais de tout ce qu'il pourrait devoir par suite de la solidarité contractée. Il est donc de la justice la plus étroite qu'il ne puisse être obligé de payer avant la discussion des biens de tous les autres débiteurs dont il est caution de fait. Cela est si rigoureusement vrai, que, si un de ces débiteurs payait la dette , et se faisait subroger aux droits du créancier , il exercerait ses actions non-seulement contre ses débiteurs principaux , mais aussi contre les cautions que chacun aurait pu donner.

5°. La discussion se fait aux risques et périls du fidé-jusseur qui a demandé qu'elle fût faite ; et , comme celle des biens immeubles ne peut se faire sans de grands frais , le créancier peut demander que ce fidé-jusseur lui fournisse des deniers pour la faire. C'est une règle générale pour tous les cas auxquels l'ex-ception de discussion est opposée.

6°. Il n'y a pas de délai fixé au créancier pour dis-cuter les biens du débiteur principal. Il suffit qu'il ne poursuive pas le fidéjusseur avant d'avoir effectué la discussion ; mais il peut exercer son action contre le débiteur principal quand bon lui semblera ; il n'a au-cune loi à recevoir des fidéjusseurs. La loi a fixé le tems dans lequel un créancier doit exercer ses actions ; le fidéjusseur ne peut pas lui en déterminer un plus court. Si donc le débiteur principal, à la discussion du-quel le créancier a été renvoyé, est par la suite devenu insolvable, le fidéjusseur ne doit pas s'en prendre au créancier qui ne l'a pas poursuivi quand il était sol-vable ; le créancier n'y était pas obligé ; et le fidéjus-seur, s'il appréhendait le cas d'insolvabilité qui est ar-rivé, pouvait obvier à cet accident en poursuivant lui-même le débiteur principal , comme il en avait le droit aussitôt qu'il a été assigné.

Je crois cependant que cette décision ne devrait pas

avoir lieu si le fidéjusseur avait fourni au créancier toutes les avances nécessaires pour faire la discussion.

§ X.

De l'exception de division.

Le bénéfice de division est une exception par laquelle celui qui s'est rendu caution avec d'autres, et à qui le créancier demande toute la dette, obtient que le créancier soit tenu de diviser et partager sa demande entre lui et ses co-fidéjusseurs lorsqu'ils sont solvables, et qu'en conséquence il soit reçu à payer au créancier sa portion, sauf à celui-ci à se pourvoir pour le surplus contre les autres.

Nous allons, comme pour la discussion, exposer les principes particuliers à cette seconde exception :

Premier principe. Le bénéfice de division est refusé aux cautions judiciaires, à tout fidéjusseur qui, par l'acte de cautionnement, a renoncé à son privilège, à ceux qui se sont obligés solidairement et comme débiteurs principaux, à ceux enfin qui ont commencé par dénier de mauvaise foi leur cautionnement; mais, d'ailleurs, elle est accordée tant aux cautions elles-mêmes qu'à leurs héritiers et à leurs certificateurs.

Second principe. Pour qu'un fidéjusseur puisse demander la division entre lui et d'autres fidéjusseurs, il faut,

1°. Que ceux-ci soient pareillement fidéjusseurs principaux. Je ne pourrai donc pas demander la division entre moi et mon certificateur vis-à-vis duquel je suis moi-même débiteur principal.

2°. Qu'ils soient fidéjusseurs du même débiteur. Par exemple : si deux débiteurs solidaires d'une même dette ont donné chacun un fidéjusseur, le fidéjusseur de l'un de ces débiteurs ne pourrait pas demander que l'action fût divisée entre lui et le fidéjusseur de l'autre débiteur ; car, quoiqu'ils soient fidéjusseurs d'une même dette, n'étant pas fidéjusseurs du même débiteur, ils ne sont pas proprement co-fidéjusseurs.

3°. Qu'ils soient solvables, et ils sont censés l'être, si, ne l'étant pas par eux-mêmes, ils le sont par leurs certificateurs. Il suffit, au surplus, qu'ils le soient lors de la contestation en cause ; car si, depuis que l'action a été divisée, mon co-fidéjusseur est devenu insolvable, le créancier ne pourra plus revenir contre moi pour sa part. Il y a plus : quand même, lors de la demande du créancier, mon co-fidéjusseur aurait été insolvable, si le créancier a volontairement divisé son action en nous demandant à chacun notre part, il ne pourra plus me demander la part de mon co-fidéjusseur insolvable.

4°. Que celui avec qui la division est demandée ait pu valablement contracter un cautionnement. Si donc je me suis rendu caution avec une femme qui a contracté sans l'autorisation de son mari, ou avec un mineur qui peut se faire restituer contre son engagement, je reste seul chargé du total de la dette.

Dans le dernier cas, néanmoins, je serais d'avis que le créancier doit toujours être contraint à la division , sauf à revenir contre moi, si , en réponse à la demande , le mineur oppose son action en restitution. Mais , comme il peut arriver que le mineur paie , je ne dois pas être privé de cette chance favorable. Il est vrai que le mineur pourra dans la suite se faire restituer même contre ce paiement ; mais le créancier ne doit-il donc pas s'imputer d'avoir accepté pour caution quelqu'un qui pouvoit se faire restituer contre ses engagemens. C'est une faute du créancier, à laquelle je suis étranger , et dont je ne dois pas être tenu. Tel est au moins l'avis du plus fameux jurisconsulte romain , de Papinien.

Troisième principe. Nous avons dit qu'un fidéjusseur ne peut plus demander la discussion lorsqu'il a laissé engager la contestation au fond. Il n'en est pas ainsi de la division , elle peut être opposée dans tout le cours de l'instance , même après un jugement de condamnation , pourvu qu'il ne soit pas définitif et en dernier ressort.

Quatrième principe. L'effet de l'exception de division est de restreindre à la part seulement du fidéjusseur qui l'a opposée , la demande qui a été donnée contre lui. Avant que cette division ait lieu , chaque fidéjusseur est véritablement débiteur du total de la dette. C'est pourquoi, si l'un d'eux a payé le total, il ne peut avoir contre le créancier aucune répétition des parts de ses co-fidéjusseurs ; car il devait véritablement le total qu'il a payé. Mais, la dette une fois divisée, quand même l'un des fidéjusseurs deviendrait insolvable , le créancier n'aurait aucun recours contre les autres pour la part de cet insolvable.

§ X I.

Du bénéfice de la cession d'actions.

Un troisième bénéfice que les lois accordent au fidéjusseur, c'est que, lorsqu'il a payé, il peut requérir le créancier de le subroger à tous ses droits, actions et hypothèques, tant contre le débiteur principal que contre toutes les autres personnes qui sont tenues de cette dette. Cette subrogation est absolument la même que celle accordée à tout débiteur qui paie une dette qu'il doit avec d'autres personnes par qui il en doit être acquitté.

SEPTIÈME LEÇON.

SUITE DU CAUTIONNEMENT.

§ X I I.

Des actions ouvertes au fidéjusseur contre le débiteur principal, après qu'il a payé.

Après que le fidéjusseur a payé, s'il s'est fait subroger aux droits et actions du créancier, il peut les exercer contre le débiteur, comme le créancier aurait pu faire lui-même.

S'il a négligé cette subrogation, il peut exercer l'action *contraria mandati*, lorsque c'est au su et au vu du débiteur qu'il l'a cautionné ; ou l'action *contraria negotiorum gestorum*, lorsque c'est en son absence et à son insu qu'il lui a rendu ce service.

§ X I I I.

Quel paiement donne lieu à ces actions ?

Toute espèce de paiement donne ouverture aux actions du fidéjusseur, soit qu'il ait été volontaire, soit qu'il n'ait eu lieu qu'après un jugement de condamnation.

Il n'importe que le paiement ait été réel, ou une compensation, ou une novation. En tous ces cas, le fidéjusseur a droit de demander que le débiteur principal le rembourse soit de la somme qu'il a payée, soit de celle qu'il a compensée, soit de celle qu'il s'est obligé de payer pour éteindre l'obligation principale du débiteur.

La remise de la dette principale faite au débiteur par le créancier, en considération du fidéjusseur, ne donnerait à celui-ci aucune action contre le débiteur, à moins que la remise n'eût eu lieu pour récompense de services rendus par le fidéjusseur au créancier. Alors, le fidéjusseur aurait droit de répéter le prix de ses services jusqu'à concurrence de ce qu'ils ont été compensés avec la dette.

§ X I V.

Des conditions requises pour que le paiement fait par la caution donne lieu à l'action contre le débiteur principal.

Trois conditions principales sont requises pour que le paiement fait par le fidéjusseur donne ouverture à ses actions. Elles demandent, chacune, un examen particulier.

Première condition. — Pour que la caution ait recours contre le débiteur principal, il faut qu'elle n'ait pas négligé par sa faute d'opposer les fins de non recevoir, si elle en avait quelques-unes à opposer contre le créancier. Par exemple : si quelqu'un m'a cautionné pour le prix d'un héritage que j'ai acheté, et qu'ayant connaissance que cet héritage m'a été évincé, il paie néanmoins le prix à mon vendeur; il n'aura aucun recours contre moi, parce qu'il devait se dispenser de payer, en opposant au vendeur l'exception de l'é-viction que j'avais soufferte. Il en serait autrement si le fidéjusseur n'a pas pu connaître l'exception qui m'était ouverte, je serai tenu de lui rendre le prix qu'il a payé; moi seul suis en faute de ne l'avoir pas averti.

Il est des fins de non recevoir qu'il peut n'être pas honorable d'opposer; telle serait celle de la prescription à opposer au créancier d'une rente constituée, qui a laissé accumuler plus de cinq années d'arrérages. Dans ce cas, le fidéjusseur n'est pas obligé d'opposer lui-même cette exception; mais il doit se laisser assigner pour le paiement, appeler en cause le débiteur principal, afin qu'il puisse faire ce que bon lui semblera. Sans cette formalité, il perdrait tout recours contre le débiteur principal.

Seconde condition. — Il faut que le paiement fait par le fidéjusseur soit valable. Si donc quelqu'un vous a cautionné envers moi pour une montre d'or *in genere*, et qu'il m'ait fourni une montre qui, par la suite, s'est trouvée ne pas lui appartenir, le paiement est nul, parce qu'il est de son essence de transférer la propriété de la chose payée. Alors point de recours de la part du fidéjusseur contre le débiteur principal.

Il en serait autrement si votre fidéjusseur, ignorant que vous m'avez payé la somme pour laquelle il vous avait cautionné envers moi, m'a payé une seconde fois cette même somme. Ce second paiement est nul, comme étant fait d'une chose qui n'était pas due; mais le fidéjusseur n'en a pas moins son recours contre vous pour être remboursé d'une somme qu'il a payée de bonne foi, et par votre faute, puisque vous deviez l'avertir du paiement que vous aviez fait. Il n'est soumis qu'à vous céder ses droits et actions contre moi.

Troisième condition. — Il faut que le débiteur principal n'ait pas payé une seconde fois par la faute du

fidéjusseur. Régulièrement , le fidéjusseur et le débiteur principal sont tenus de s'avertir du paiement
qu'ils font au créancier. Si donc un fidéjusseur poursuivi a payé , mais a négligé d'en donner avis au débiteur principal , ét que celui-ci ait depuis payé une
seconde fois au créancier de mauvaise foi , le fidéjusseur portera la peine de sa négligence , et n'aura
aucun recours contre le débiteur. Il ne peut exiger de
lui que la cession de ses actions contre le créancier qui
a reçu ce qui ne lui était pas dû.

§ X V.

Quand s'ouvrent les actions du fidéjusseur ?

Immédiatement après qu'il a payé , le fidéjusseur
peut exercer ses actions contre le débiteur principal ;
mais s'il a payé avant que le terme fût échu , il
doit attendre pour agir que le terme soit expiré ; car
il ne doit pas par son fait le priver du terme dont
il a droit de jouir.

Il en serait autrement si ce terme avait été pro-
rogé par accord entre le créancier et le débiteur.
Dès l'échéance du terme convenu par l'obligation
primitive, et sans aucun égard à la prorogation qui
n'est pas de son fait , le fidéjusseur peut exercer
ses actions pour s'éviter de supporter l'insolvabilité
du débiteur , qui pourrait arriver d'ici à l'expiration
du second terme. En effet, une caution ne peut pas,

malgré elle , rester obligée au-delà du tems limité par l'acte du cautionnement.

§ X V I.

Comment s'exercent les actions du fidéjusseur lorsqu'il y a plusieurs débiteurs principaux?

L'action *contraria mandati* ou *negotiorum gestorum* est ouverte au fidéjusseur contre chacun des débiteurs principaux qu'il a cautionnés , pour la répétition du total de ce qu'il a payé. Car chacun de ces débiteurs principaux étant débiteur du total de la dette envers le créancier , le fidéjusseur, qui s'est rendu caution de chacun d'eux , a , par le paiement, libéré chacun d'eux du total de la dette : il peut donc conclure solidairement contre tous et chacun au remboursement de la dette entière, et aux intérêts du jour de sa demande.

Il reste à observer que le fidéjusseur, qui exige de l'un des débiteurs principaux le total de la dette, doit lui céder non-seulement les actions qu'il a de son chef contre les autres débiteurs, mais celles du créancier , auxquelles il a dû se faire subroger. Mais s'il a négligé de requérir cette subrogation, et que par-là il se soit mis hors d'état d'en transmettre le bénéfice au débiteur de qui il exige le paiement du total de la dette, celui-ci peut, en offrant de le rembourser pour sa part, obtenir contre lui le congé de sa demande, pour les parts des autres débiteurs principaux.

Nota. Cette décision n'aurait pas lieu si les actions que le fidéjusseur peut céder de son chef équivalaient à celles qu'aurait pu céder le créancier.

Lorsque le fidéjusseur ne s'est rendu caution que pour l'un des débiteurs solidaires, il n'a d'action directe que contre celui qu'il a cautionné. Mais il peut, comme agissant au lieu et place de ce dernier, exercer les droits que ce débiteur aurait eu contre ses débiteurs, s'il avait lui-même acquitté la dette.

§ X V I I.

Des cas auxquels le fidéjusseur peut poursuivre le débiteur sans avoir payé.

Il n'est pas toujours nécessaire que le fidéjusseur ait payé pour qu'il y ait lieu à l'ouverture de ses actions contre le débiteur principal. Il y a trois cas où il peut agir avant aucune espèce de paiement de sa part.

Premier cas. — Aussitôt que le fidéjusseur est assigné par le créancier, il peut poursuivre en garantie le débiteur principal. C'est même une obligation de sa part; s'il la néglige, le débiteur ne sera pas tenu de l'acquitter des frais faits avant qu'il ait été appelé en cause, mais seulement de l'exploit de la demande originaire, et des frais postérieurs à sa mise en cause.

Il peut même arriver que cette négligence de mettre en cause le débiteur principal , prive le fidéjusseur de son recours pour le capital de la dette ; ce qui aurait lieu si le fidéjusseur condamné n'avait pas employé de bons moyens de défense, dont aurait usé le débiteur s'il avait paru au procès.

Second cas. — La faillite, ou seulement le délabrement visible des affaires du débiteur , sont une raison suffisante au fidéjusseur d'exercer dès à présent son action de garantie. Il peut faire arrêt sur les biens du débiteur , afin qu'ils répondent du cautionnement qu'il a subi pour lui.

Troisième cas. — Lorsque le débiteur s'est obligé de rapporter au fidéjusseur la décharge de son cautionnement dans un certain tems, ce tems expiré , le fidéjusseur peut agir contre le débiteur , pour qu'il lui rapporte cette décharge, ou deniers suffisans au paiement de la dette.

Mais lorsque l'obligation à laquelle j'ai accédé doit durer un certain tems , quelque long qu'il soit , je ne puis demander pendant tout ce tems décharge de mon cautionnement ; car , j'ai connu ou dû connaître la nature de mon engagement, et j'ai dû m'attendre à demeurer obligé aussi long-tems que le serait le débiteur principal.

§ X V I I I.

La caution d'une rente peut-elle obliger le débiteur au
rachat pour avoir la décharge de son cautionnement?

Sur cette question, il faut distinguer : Ou il y a eu convention entre le fidéjusseur et le débiteur principal : que celui-ci serait obligé de le décharger de son cautionnement au bout d'un certain tems ; ou il n'est intervenu aucune convention entre les parties.

Dans le premier cas, quelques jurisconsultes prétendaient qu'une telle convention n'est pas valable, comme contraire à la nature des rentes constituées, dans l'essence desquelles il est que le débiteur ne puisse jamais être forcé de les racheter. Mais la majorité des bons auteurs et la jurisprudence ont décidé que le fidéjusseur peut, au bout du tems convenu, exiger du débiteur la décharge de son cautionnement, et que, pour cet effet, il soit tenu de rembourser la rente. En effet, ce qui est de l'essence des rentes constituées, c'est que le débiteur ne puisse être contraint au remboursement par le créancier ; mais rien n'empêche qu'il ne puisse y être forcé par un tiers. C'est la parfaite aliénation du sort principal qui fait l'essence de la rente constituée ; mais il suffit pour cette aliénation que le créancier ne se soit pas retenu le droit de l'exiger, et qu'il n'y puisse jamais obliger le débiteur.

Dans le second cas, il y avait encore partage

d'opinions : le fameux Dumoulin lui-même décide que le fidéjusseur ne peut , au bout de quelque long-tems que ce soit, obliger le débiteur principal à rembourser la rente pour le décharger de son cautionnement , parce que la nature de la rente étant de durer perpétuellement jusqu'à ce qu'il plaise au débiteur de la racheter, le fidéjusseur qui en a connu la nature , et qui a bien voulu la cautionner , s'est soumis à contracter une obligation perpétuelle. Mais, malgré cette autorité , il est d'un usage constant dans tous les tribunaux que, si le fidéjusseur s'est obligé, à la prière du débiteur, et que son cautionnement dure depuis un tems considérable, comme de dix ans au moins, il est bien fondé à demander au débiteur qu'il l'en décharge en remboursant la rente dans un certain tems qui sera limité par le juge. Je veux bien , en effet, qu'une rente soit de nature à durer jusqu'à ce qu'elle soit remboursée ; mais aussi est-elle de nature à pouvoir toujours être remboursée ?

Le projet de code civil consacre ce principe, et autorise le fidéjusseur à réclamer au bout de dix ans la décharge de son cautionnement.

HUITIÈME LEÇON.

SUITE DU CAUTIONNEMENT.

§ XIX.

Des actions du fidéjusseur contre ses co-fidéjusseurs.

Le fidéjusseur qui a payé et s'est fait subroger aux actions du créancier, a contre ses co-fidéjusseurs les mêmes actions qu'avait le créancier lui-même. Mais s'il a négligé cette subrogation, les lois romaines lui refusent toute action de son chef. Elles se fondent sur ce principe : Lorsque plusieurs personnes se rendent cautions pour un même débiteur, elles ne contractent entre elles aucune obligation : chacune d'elles n'a d'autre intention que d'obliger le débiteur principal ; chacune d'elles ne se propose de faire l'affaire que du débiteur principal, et non celle de ses co-fidéjusseurs : *solius rei principalis negotium gerit, non alter alterius negotium gerit.*

Ce principe est vrai ; mais c'est le fausser que d'en conclure avec les jurisconsultes romains qu'on ne peut jamais, sans subrogation d'actions, avoir aucune action de recours contre ses co-fidéjusseurs, même lorsqu'on a payé la dette entière dont ils étaient

Quatrième cahier. F

tous tenus. Notre jurisprudence est infiniment plus modérée et plus équitable ; elle accorde à ce fidéjusseur le droit de répéter une part de chacun de ses co-fidéjusseurs. Cette action ne naît pas du cautionnement que ce fidéjusseur a subi avec les co-fidéjusseurs, puisque, par ce cautionnement, ils n'ont contracté aucune obligation entre eux. Elle résulte du paiement que ce fidéjusseur a fait de toute la dette, et de l'équité, qui ne permet pas que ses co-fidéjusseurs qui, comme lui, étaient tenus du total de la dette, profitent à ses dépens du paiement qu'il a fait.

Je termine en observant qu'une caution qui a payé une dette exigible, ou racheté une rente, a son action contre les cautions principales, et, en cas d'insolvabilité de quelques-unes d'entre elles, contre les certificateurs de cette caution insolvable, qui, à cet égard, la représentent. Mais elle n'a aucune action contre son propre certificateur, vis-à-vis duquel elle est débiteur principal.

§ X X.

De quelques espèces de fidéjusseurs improprement dits.

Je laisserais incomplet le contrat de cautionnement si je ne vous entretenais pas de deux espèces de débiteurs accessoires, qui ne sont pas proprement des fidéjusseurs, mais qui peuvent leur être comparés sous bien des rapports, puisque, comme eux, ils sont tenus de la dette d'un tiers. Je veux parler des *mandatores pecuniæ credendæ*, et de ceux qu'on désigne sous le nom général de *commettans*.

§ X X I.

DES MANDATORES PECUNIÆ CREDENDÆ.

On appelle en droit *mandator pecuniæ credendæ* celui par l'ordre duquel j'ai prêté de l'argent à quelqu'un. Lorsque vous me mandez de prêter une certaine somme d'argent à Pierre, cet ordre, que je me charge d'exécuter, renferme un contrat de mandat qui intervient entre nous. Suivant les principes de ce contrat, je suis tenu, *actione mandati directâ*, de vous tenir compte de ce tout que j'ai *ex causâ mandati*, et dès lors de vous céder l'action qui naît du prêt de la somme d'argent que j'ai fait en exécution de votre mandat. De votre côté, vous êtes obligé envers moi *actione mandati contraria*, de me rembourser et indemniser de la somme que j'ai déboursée pour exécuter votre mandat, en la prêtant par votre ordre à Pierre.

On voit par cet exemple qu'il y a de très-grands rapports de ressemblance entre les fidéjusseurs et les *mandatores pecuniæ credendæ*. Mais il faut observer entre les uns et les autres une différence essentielle.

L'obligation d'un fidéjusseur n'est autre chose qu'un simple accessoire à l'obligation du débiteur principal, qui a pour cause celle de l'obligation du débiteur principal. Par exemple : lorsque vous vous rendez caution envers moi pour une somme d'argent que j'ai prêtée à

Pierre, le cautionnement que vous contractez n'est qu'une simple accession à l'obligation de Pierre. La cause de votre obligation est la même que celle de Pierre, savoir, le prêt que j'ai fait à ce dernier.

Il n'en est pas ainsi de l'obligation que vous contractez par l'ordre que vous me donnez de prêter une certaine somme à Pierre. Il est vrai qu'elle a le même objet que celle de Pierre; la somme d'argent que vous me devez rembourser, *actione mandati contraria*, n'est pas une pareille somme, mais précisément la même somme qui m'est dûe par Pierre, et il ne m'est pas permis de la recevoir de vous et de lui. Mais quoique votre obligation ait le même objet que celle de Pierre, quoique la somme qui m'est dûe par vous et par lui soit une seule et même chose dont Pierre est le débiteur le plus principal, puisqu'il en est débiteur pour lui-même absolument, et que vous en êtes débiteur plutôt pour lui que pour vous, néanmoins, votre obligation n'est pas une pure accession à celle de Pierre ; elle a une cause différente, qui est le contrat de mandat. Ainsi, vous êtes principalement obligé envers moi *ex causâ mandati ;* et Pierre l'est aussi principalement *ex causâ mutui.*

D'où il suit :

1°. Que, lorsqu'un simple fidéjusseur a payé la dette pour laquelle il s'est rendu caution sans requérir, en faisant le paiement, la cession des actions du créancier contre le débiteur principal, il éteint par ce paiement la dette du débiteur principal, car sa dette n'étant pas seulement une dette de la même chose , mais étant précisément la même dette que celle du débiteur principal , à laquelle il n'a fait qu'accéder , le paiement qu'il a fait éteint la dette du débiteur principal.

2°. Et , au contraire , que , lorsqu'un *mandator pecuniæ credendæ* , par l'ordre de qui j'ai prêté une certaine somme à Pierre , me rembourse de cette somme , quoiqu'il n'ait pas requis la cession de mes actions contre Pierre , le paiement qu'il fait n'éteint que son obligation , et celle de Pierre n'est pas éteinte : je demeure , nonobstant ce paiement , créancier de Pierre *ex causâ mutui;* non pas à l'effet que je puisse exiger à mon profit la somme que je dis m'être encore dûe par Pierre , en ayant déjà été payé *ex causâ mandati ;* mais j'en demeure créancier , à l'effet que je puisse céder les droits de cette créance à mon mandant , lorsqu'il le requerra , comme j'y suis obligé envers lui *obligatione mandati directâ.*

§ X X I I.

De l'obligation fidéjussoire des commettans.

C'est un véritable cautionnement que contracte un négociant lorsqu'il commet quelqu'un à une maison de commerce , ou au gouvernement d'un vaisseau marchand. Dans tous les engagemens que ce préposé contracte , quoique en son propre nom , il s'oblige comme débiteur principal ; et il oblige en même tems son commettant comme débiteur accessoire : car ce commettant est censé, par la commission qu'il lui a donnée, avoir consenti d'avance à tous les engagemens qu'il contracterait pour toutes les affaires auxquelles il l'a préposé, et s'en être rendu responsable.

En quel cas y a-t-il lieu à l'obligation accessoire des commettans?

Pour qu'il y ait lieu à cette obligation accessoire du commettant, deux conditions sont requises : 1°. que le préposé ait contracté en son propre nom, quoique pour les affaires de son commettant. Autrement, s'il contracte comme facteur ou fondé de procuration, ce n'est pas lui qui contracte, mais son commettant par son ministère. En ce cas, le préposé n'est pas obligé ; le commettant seul a, par son ministère, contracté une obligation principale. 2°. Que le contrat concerne les affaires auxquelles le préposé est commis, et que ce préposé n'ait pas excédé les bornes de la commission.

Tels sont les contrats de vente et d'achat de marchandises que fait un préposé à une maison de commerce ; les achats que fait un capitaine préposé à la conduite d'un vaisseau marchand, des choses nécessaires pour équiper ou radouber son vaisseau.

Il y a plus : on décide que le commettant serait obligé, quand même le capitaine préposé aurait diverti les deniers empruntés pour le radoub de son vaisseau, pourvu que la déclaration faite par le contrat d'emprunt fût vraisemblable, et que la somme empruntée n'excédât pas de beaucoup ce qui était nécessaire à l'emploi allégué.

Au surplus, les préposés obligent leurs commettans tant que leur commission dure, c'est-à-dire jusqu'à leur révocation notoire. Et même, bien que tout mandat finisse par la mort du mandant, l'utilité du commerce a établi que la commission de ces personnes durât même après la mort de leur commettant, jusqu'à ce qu'ils soient révoqués par les héritiers ou autres successeurs.

De l'effet de l'obligation accessoire des commettans.

Cette obligation s'étend à tout ce qui renferme l'obligation du préposé. Elle s'éteint par l'extinction de celle du préposé, soit par le paiement réel, soit par novation, ou enfin de quelque manière que s'éteigne l'obligation du préposé. En conséquence, le commettant peut opposer toutes les exceptions *in rem* et les fins de non recevoir que le préposé peut donner en défenses. Mais il ne pourrait pas arguer d'un vice de l'obligation résultant de l'incapacité personnelle de ce préposé; car il doit s'imputer à lui-même le choix qu'il a fait.

S'il y a plusieurs commettans d'un même préposé, ils sont tenus solidairement; et même, à la différence des fidéjusseurs, ils sont privés, 1°. du bénéfice de division, parce qu'ils sont réputés associés, ayant contracté solidairement pour la société; 2°. du bénéfice de discussion, quand même ils auraient déjà indemnisé leur préposé , et lui auraient remis des fonds pour payer. Mais alors le créancier doit , s'il en est requis lors du paiement, leur accorder la cession de ses actions. Cela même a lieu lorsqu'il n'y a qu'un commettant ; il ne peut pas faire discuter les biens de son préposé.

De l'obligation accessoire des commettans , qui naît des délits de leurs préposés.

Ce n'est pas seulement en contractant que les préposés obligent leurs commettans ; quiconque a commis quelqu'un à quelques fonctions est responsable de tous les délits et quasi-délits que ce préposé peut commettre dans l'exercice de ses fonctions. Et s'il y a plusieurs commettans , ils sont tenus solidairement, sans aucune exception de division ni discussion. Je remarqueral seulement qu'ils ne sont tenus que civilement , quoique le préposé puisse être poursuivi par la voie extraordinaire.

§ X X I I I.

De l'obligation des pères de famille et des maîtres.

La dernière espèce d'obligation fidéjussoire est celle des pères de famille qui sont responsables civilement des délits de leurs enfans mineurs et de leurs femmes, lorsqu'ils ne les ont pas empêchés, l'ayant pu faire. Or, ils sont présumés avoir pu empêcher le délit lorsqu'il a été commis en leur présence. Il y a encore des circonstances où , quoique absens, ils sont censés avoir pu prévoir le délit. Par exemple : si un enfant blesse son camarade d'un coup d'épée, quoique hors la présence du père , celui-ci est tenu du délit , parce qu'il ne devait pas laisser à son fils la liberté de porter une épée , qui notoirement ne peut qu'être dangereuse entre les mains d'un enfant.

Il en est ainsi des maîtres que la loi déclare responsables de tous les délits de leurs domestiques qu'ils ont pu empêcher. Ils en sont même tenus, quoiqu'ils ne les aient pas pu empêcher , si le délit a été commis par le domestique dans l'exercice de ses fonctions. Ainsi, vous serez civilement responsable de tout dommage qu'aura pu causer votre cocher en conduisant votre carosse , soit par brutalité , soit par impéritie.

NEUVIÈME LEÇON.

DU CONTRAT DE CHANGE.

PARAGRAPHE PREMIER.

De la nature et de l'origine de ce contrat.

LE contrat de change est celui par lequel une des parties donne ici une somme d'argent à l'autre qui lui donne un titre de créance de pareille somme à recevoir dans un autre endroit.

Lorsque le commerce était resserré dans l'enceinte d'une même ville, le change ne pouvait avoir lieu. Mais dès que Paris (par exemple) a vendu des marchandises à Bordeaux qui lui en a vendues d'une autre espèce, il a fallu aviser à un mode de paiement qui évitât un double transport d'argent, moyen beaucoup trop long, trop cher et trop hasardeux. L'industrie ne tarde pas à s'éveiller : Paul de Paris, qui devait 10,000 livres à Pierre de Bordeaux, fut s'adresser à Jacques de Paris, à qui pareille somme était dûe par Philippe de Bordeaux. Paul remit 10,000 liv. à Jacques qui, moyennant ce prix, lui vendit sa créance sur Philippe. Paul, devenu créancier de Phillipe, n'eut plus qu'à céder et transporter son titre à Pierre qui s'en fit payer sur les lieux. Par ce simple revirement de parties, une double compensation est opérée, et deux sommes dûes à des distances éloignées se trouvent payées sans transport ni déplacement.

La grande difficulté de cette opération était que le négociant de Paris, débiteur de Bordeaux, trouvât, à point nommé, un négociant de Paris, créancier de Bordeaux. Mais, dans tous les tems, il y a eu des hommes dont l'unique affaire était de faire celles des autres, et d'en chercher l'occasion. En conséquence, des courtiers ou entremetteurs ont couru Paris, ils ont cherché les négocians qui avaient besoin de faire passer de l'argent dans d'autres villes, ou d'en faire venir. Ils ont pris une note exacte des débiteurs, des créanciers, de la quotité des dettes ou créances, et de leurs différentes échéances; et, à cet égard, les négocians, pour leur propre intérêt, ont dû leur donner tous les renseignemens nécessaires. Ces courtiers sont par là devenus les commissionnaires des négocians; ils ont indiqué à chacun la maison où il pouvait trouver soit du papier contre de l'argent, soit de l'argent contre du papier. On a nommé ces courtiers *agens de change*.

Bientôt les rapports se multipliant entre les principales cités, le commerce prenant un nouvel essor, les dettes réciproques s'augmentant, haussant et baissant tour à tour, des spéculateurs ont établi chez eux une maison de vente et d'achat d'argent contre des lettres de créances sur des villes éloignées, qu'ils vendaient à ceux qui avaient de l'argent à envoyer, ou achetaient de ceux qui avaient de l'argent à faire venir; et, du nom de la table sur laquelle ils passaient leur marché, ils se sont nommés banquiers. Ceux de Paris ont dit aux parisiens : vous est-il dû 10,000 liv. par Lyon, cédez moi votre titre de créance, et je vous en solderai le montant ici même et à l'avance. Devez-vous 10,000 liv. à Nantes, apportez-moi votre argent, et je vous donnerai un mandat de pareille somme sur un négociant de cette ville qui, à votre ordre, acquittera votre créancier. Dans l'un et l'autre cas, vous ne me paierez qu'une légère rétribution à peine équivalente au dixième de ce qu'il vous en coûterait pour le transport et les risques de votre argent.

La proposition ne pouvait qu'être acceptée.

Elle était utile au négociant qui, a point nommé, à toute heure du jour, trouvait une créance à vendre ou à acheter sur telle ville que ce fût.

Elle était encore plus utile au banquier qui, pour gagner sa commission, n'avait qu'une correspondance à établir avec les banquiers des autres villes, et qui n'avait presque jamais d'avances réelles à faire. En effet, avec l'argent que je donne à Paris, à mon banquier, pour payer mon créancier de Bordeaux, il acquitte un autre mandat que son correspondant de Bordeaux tire sur lui, pour payer à Paris une dette dûe à un négociant de Paris par un bordelais ; et, réciproquement, c'est avec l'argent que ce bordelais a remis au correspondant de mon banquier que celui-là acquitte le mandat de celui-ci, que j'ai fait passer à l'ordre de mon créancier de Bordeaux. Il n'y a donc d'avances réelles de la part d'aucun des deux banquiers.

Dans la suite, le change s'est infiniment multiplié ; il s'est fait non-seulement entre les villes d'un même empire, mais entre les états les plus éloignés, mais encore d'une partie du monde à l'autre. Dès lors, la difficulté ,devenue plus grande, d'apprécier avec justesse la quotité des dettes respectives de chaque ville et de chaque état ; la nécessité d'être au courant de l'état positif des productions et du commerce de chaque empire et de chacune de ses provinces, à l'effet de pouvoir calculer à l'avance ce qu'il aura dans tel tems en surabondance ou en déficit, et d'établir sur cette donnée l'avantage qu'il peut y avoir à en tirer ou à y porter soit des marchandises, soit de l'argent ; la distance des lieux ; la diversité des langues, et surtout la différence des poids et des monnaies, ont fait, de ce qui n'était originairement qu'une convention civile entre particuliers, une branche de commerce tout à fait distincte, et une science nouvelle qu'on a eu soin, grace à la barbarie des mots, de rendre inintelligible pour tous ceux qui n'en avaient pas très-soigneusement étudié la grammaire.

Mais revenons à notre contrat, qui n'est pour nous ni une science ni une branche de commerce, mais une simple convention civile entre deux ou plusieurs individus. Sous toutes ses formes, avec toutes ses extensions, dans toutes ses traductions, le change n'est et ne sera toujours que le troc d'une somme d'argent donnée ici contre la créance d'une autre somme d'argent à recevoir dans un autre endroit.

Ce contrat est du droit civil, auquel il doit son origine, et qui l'a soumis même dans sa substance à une foule de formalités particulières. Il est consensuel, car il reçoit sa perfection par le seul consentement des parties. Il est synallagmatique, l'un s'obligeant à faire avoir à l'autre de l'argent ; celui-ci s'engageant à fournir une traite. Il est intéressé de part et d'autre, se faisant pour l'utilité réciproque des deux contractans ; enfin, il est commutatif, car chacun croit bien recevoir l'équivalent de ce qu'il donne.

R. F.
BIBLIOTHÈQUE NATIONALE IMPRIMÉS

§ I I.

Des choses qui sont de l'essence de ce contrat.

Trois choses sont de l'essence du contrat de change : une créance vendue , un prix de cette créance ; et le consentement des parties.

Nous traiterons de la créance vendue ci-après et plus en détail.

Nous n'avons rien à dire sur le consentement des parties , sans répéter ce que nous avons dit aux autres contrats.

Le prix peut consister en une somme d'argent ou en une certaine quantité de marchandises, ou plutôt il consiste toujours en argent : car lorsque je vous fournis une lettre de change de 3ooo livres pour tant de marchandises que vous m'avez envoyées, c'est qu'auparavant nous avons apprécié le prix de ces marchandises en argent , et ma lettre ne vous est donnée qu'en paiement des 3ooo livres que je vous dois pour vos marchandises.

Il n'est pas nécessaire , au surplus, que ce prix soit précisément égal à la somme qui fait le montant de la créance ; il peut être égal , moindre ou plus fort , selon que le change est au pair , au-dessous ou au-dessus. Voici comment le cours du change se détermine :

« Toute lettre de change suppose une dette de la part de celui sur qui elle est tirée. Bordeaux , par exemple , n'en peut donner sur Paris que parce que

Paris doit à Bordeaux. Or, ce sont les dettes ou créances réciproques entre les villes qui règlent toutes les opérations du change. »

« Entre deux villes, les dettes peuvent être égales de part et d'autre : Lyon peut devoir à Paris cent mille francs, et Paris peut devoir à Lyon pareille somme. »

« Les dettes peuvent aussi être inégales : Lyon peut devoir à Paris trois cents mille francs, et Paris peut en devoir à Lyon quatre cents mille. »

« Dans le cas d'égalité de dettes de part et d'autre, il est certain que, dans l'une et l'autre ville, le nombre des négocians qui ont des lettres de change à vendre, étant égal à celui des négocians qui en ont à acheter, le troc doit se faire entre eux sans perte ni bénéfice de part et d'autre. Alors le change se fait d'une ville à l'autre, somme égale pour somme égale, et l'on dit qu'il est au pair. »

« Dans le cas où les dettes entre deux villes sont inégales, lorsque Paris doit à Lyon, par exemple, quatre cents mille francs, et que Lyon n'en doit à Paris que trois cents mille, Paris peut solder au pair trois cents mille francs par des lettres de change ; mais il restera devoir cent mille francs qu'il est obligé de faire voiturer. Que feront les marchands de Paris ? ils s'adresseront à un banquier qui, n'étant pas censé avoir de fonds à Lyon, se dira obligé d'y faire voiturer cette somme. Après bien des altercations, on conviendra de lui donner cent quatre mille francs pour des lettres de change de 100,000 liv. sur Lyon. Voilà donc qu'à Paris le change avec Lyon est au-dessus du pair, puisque les négocians de Paris donnent une somme plus grande que celle qu'ils touchent à Lyon.

« Dans la même espèce, les marchands de Lyon ont plus de créances sur Paris qu'ils ne lui doivent. Ils ne sont pas dans le cas d'y envoyer de l'argent, ils ont plutôt besoin d'en faire venir. Que, dans cette circonstance, quelqu'un offre de leur donner quatre-vingt-dix-huit mille francs pour cent mille francs de lettres de change sur Paris, ils accepteront la proposition, parce qu'il ne leur en coûtera, pour avoir leur argent à Lyon, que deux mille francs, au lieu de quatre mille francs que leurs correspondans auraient payés à Paris au banquier. Dans ce cas, le change est à Lyon au-dessous du pair, parce qu'on donne une moindre somme pour en recevoir une plus grande. »

Je pourrais expliquer bien d'autres causes des variations du change ; mais je me hâte d'arriver à la chose vendue, c'est-à-dire au titre de créance fourni par le vendeur. Il peut y en avoir de quatre sortes, 1°. et principalement des lettres de change ; 2°. des billets de change ; 3°. des billets à ordre ; 4°. des rescriptions. Nous allons en traiter séparément.

(101)

§ I I I.

Des lettres de change.

On peut définir la lettre de change une lettre revêtue d'une certaine forme prescrite par les lois, par laquelle vous mandez au correspondant que vous avez, dans un certain lieu, de m'y compter, ou à celui qui aura mon ordre, une certaine somme d'argent en échange d'une somme d'argent, ou de telle autre valeur que vous avez ici reçue de moi, ou réellement ou en compte.

Pour traiter cette matière avec ordre et clarté, je traiterai — des personnes qui interviennent dans une lettre de change, et des qualités qu'elles doivent avoir ; — des formes substantielles de la lettre de change ; — de la forme des endossemens, et de l'acceptation ; — du contrat qui intervient entre le tireur et le donneur de valeur ; — du contrat entre l'endosseur et celui à qui il passe son ordre ; — du contrat entre le tireur et l'accepteur ; — du contrat entre l'accepteur et le propriétaire de la lettre ; — du protêt faute de paiement ou d'acceptation, de la dénonciation du protêt et des poursuites en garantie ; — des manières dont s'éteignent les créances de la lettre de change ; — de leurs prescriptions.

§ I V.

Des personnes qui interviennent dans une lettre de change.

Il intervient ordinairement quatre personnes dans la négociation d'une lettre de change :

1°. Celui qui fournit la traite : on l'appelle *tireur*.

2°. Celui qui acquiert du tireur la lettre de change pour la valeur qu'il lui en compte, ou qu'il s'oblige de lui compter : on le nomme *donneur de valeur*. Observons en passant que celui qui achète une traite d'un banquier est rarement le premier donneur de valeur, il est même peu d'usage qu'un banquier fournisse une lettre de change tirée directement par lui sur son correspondant. Il a presque toujours dans son porte-feuille du papier dont il est acquéreur en seconde et troisième main, où il ne paraît que comme endosseur, et qu'il passe à l'ordre de ses cliens.

3°. Celui à qui elle est adressée : on le nomme *accepteur*, parce que la traite n'a de valeur que munie de son acceptation.

4°. Celui qui en doit recevoir la valeur, et à l'ordre duquel le donneur de valeur l'a passée : on l'appelle *le porteur*.

Dans la rigueur, il pourrait n'intervenir que trois personnes; c'est ce qui arrive lorsque le donneur de valeur est un voyageur qui va lui-même toucher sa traite sur les lieux. Mais il est encore plus commun qu'aux quatre personnes que j'ai indiquées il s'en joigne un plus grand nombre; ce qui a lieu lorsqu'il y a plusieurs endossemens.

On appelle endossement la substitution que, celui à qui la traite appartient, fait au dos de la lettre, d'une autre personne à la sienne, pour en recevoir le paiement à sa place. C'est ce qui s'appelle *passer son ordre*. Le nombre des endosseurs est illimité.

§ V.

Quelles personnes peuvent intervenir dans une lettre de change.

Toute personne en état de contracter, sans être ni marchand ni banquier, peut être tireur, donneur de valeur, accepteur, endosseur, porteur d'une lettre de change.

Les mineurs eux-mêmes, lorsqu'ils sont banquiers ou marchands, peuvent tirer et accepter des traites ; et ils sont soumis comme les majeurs à la contrainte par corps. L'ordonnance de 1673 (titre premier, article VI) est précise à cet égard : « Tous négocians et marchands, comme aussi les banquiers, seront réputés majeurs pour le fait de leur commerce et banque, sans qu'ils puissent être restitués sous prétexte de minorité. »

Il en est ainsi des femmes en puissance de mari. Celles qui sont marchandes publiques, c'est à dire qui, au su et au vu de leur mari, font un commerce dont leurs maris ne se mêlent pas, peuvent, sans être autorisées, contracter valablement tous les engagemens qui se contractent dans la négociation des lettres de change.

DIXIÈME LEÇON.

SUITE DU CONTRAT DE CHANGE.

§ V I.

Des formes substantielles de la lettre de change.

La lettre de change se fait par un acte sous seing-privé. Cinq choses sont de son essence ; elle doit contenir :

1°. Les noms du tireur, de l'accepteur et du donneur de valeur ;

2°. La remise d'un lieu à un autre. Il faut que la traite soit payable dans un autre lieu que celui d'où elle a été tirée. Ainsi, un négociant de Paris ne peut pas fournir une lettre de change sur un négociant de Paris.

3°. L'époque de paiement. Une lettre de change peut être stipulée payable *à vue :* c'est à dire au moment même où elle sera présentée ; *à tant de jours de vue :* ou autrement, à l'expiration de tant de jours écoulés depuis celui où elle sera présentée. Le jour de la présentation n'est pas compris dans le terme : *dies a quo , non computatur in termino. A jour nommé :* par exemple, au premier vendémiaire prochain. *A tant de jours de date : verbi gratiâ ,* à trente , soixante , quatre-vingt-dix jours de cejourd'hui. *A une , deux ou trois usances :* c'est à dire à un , deux ou trois mois à courir de la date de la traite. *A telle foire :* on connaît à Lyon quatre tems solemnels de foire , les Rois , Pâques , Août et la Toussaint. Ces tems sont chacun d'un mois ; mais , par un réglement du 2 juin 1667 , les paiemens doivent se faire depuis le premier jour jusqu'au sixième inclusivement. Dès le septième , on peut commencer les poursuites.

4°. La valeur fournie. Cette valeur peut être stipulée , 1°. *Valeur causée ;* ce qui a lieu lorsqu'on désigne l'espèce de valeur qui a été fournie , et s'exprime ou par ces mots : *Valeur reçue comptant,* lorsque la valeur a été fournie en argent , ou par ceux-ci : *Valeur reçue en marchandises ,* lorsque la valeur a été fournie en marchandises. 2°. *Valeur en soi-même :* par exemple, je tire de Paris 1000 francs à mon ordre sur Pierre de Lyon. Il n'y a pas eu encore de valeur fournie ; mais lorsque ma lettre me revient acceptée, je la vends ici à quelqu'un qui m'en compte le prix ; je la passe alors à son ordre, valeur reçue comptant. 3°. *Valeur en compte ;* ce qui a lieu lorsque celui à qui la lettre de change est fournie , donne pour valeur au tireur ce que celui-ci lui doit par compte courant établi entre eux.

4°. La date. Elle est surtout indispensable dans les traites fournies à tant de jours, à tant d'usance ou à vue.

§ V I I.

De la forme des endossemens.

Il est de l'essence des endossemens,

1°. Qu'ils soient souscrits par l'endosseur ;

2°. Qu'ils expriment la valeur fournie par celui à qui l'endosseur passe son ordre ;

3°. Qu'ils désignent le nom de celui au profit de qui l'ordre est passé. Les endossemens en blanc sont formellement défendus ; il n'en peut résulter d'action que le nom ne soit rempli.

4°. Qu'ils soient datés. Ici la date est de rigueur ; elle est exigée pour prévenir la fraude : telle serait celle d'un endosseur qui, ayant fait banqueroute, omettrait de dater l'endossement, pour qu'on ne s'aperçût pas qu'il a été fait depuis sa faillite. Les antidates sont expressément défendues à peine de faux.

L'endossement auquel il manque une de ces formalités ne vaut que comme un simple ordre ou mandat de payer, et ne transfère, à celui au profit de qui l'ordre est passé, ni la propriété de la lettre de change, ni les droits et actions qui en résultent.

D'où il suit,

1°. Que les créanciers de l'endosseur peuvent, nonobstant cet endossement, saisir et arrêter la somme portée par la lettre de change, entre les mains de celui sur qui elle est tirée , sans que celui au profit de qui l'ordre est passé puisse s'y opposer.

2º. Que , si celui sur qui la lettre est tirée se trouve créancier de l'endosseur , il peut opposer la compensation de ce qui lui est dû par l'endosseur , le porteur n'étant réputé que simple porteur d'ordre de celui-ci.

3º. Que celui au profit duquel a été fait un pareil endossement ne peut plus passer son ordre au profit d'un autre ; tous les endossemens qui suivraient seraient nuls.

§ V I I I.

De la forme de l'acceptation.

Pour qu'une acceptation soit valable , il faut , 1º. qu'elle soit écrite. Ce qui a lieu par ces mots , *accepté pour la somme de* ... suivis de la date et de la signature de l'accepteur. 2º. Qu'elle soit pure et simple. Toute acceptation conditionnelle équivaut à un refus d'accepter ; mais ce ne serait pas une acceptation conditionnelle , si , moi accepteur , j'étais créancier du porteur de la lettre , et que je misse au bas de la lettre *accepté pour payer à moi-même* , pourvu que ma créance fût d'une somme liquide , qu'elle fût échue , ou dût écheoir au tems de l'échéance de la lettre. 3º. Qu'elle ait lieu pour la même somme que celle portée en la lettre. Si elle était faite pour une somme moindre , il y aurait refus pour le surplus , et la lettre pourrait être protestée jusqu'à concurrence. 4º. Qu'elle ait lieu pour la même échéance. Si , cependant , le propriétaire de la lettre souffrait que l'acceptation se fît pour un tems plus long, il ne pourrait pas l'exiger avant le terme accordé ; mais la prolongation du terme ne saurait nuire au tireur qui n'y a pas consenti, et le porteur n'aurait de recours ni contre le tireur, ni contre les endosseurs, en cas de faillite du débiteur arrivée depuis la prolongation du terme.

§ I X.

Du contrat qui intervient entre le tireur et le donneur de valeur.

Le premier des contrats qui résultent de la négociation d'une lettre de change, est celui qui intervient entre le tireur et le donneur de valeur. Ce n'est autre chose que le contrat de change lui-même, dont nous avons expliqué la nature. Il est synallagmatique, et dès lors il produit des obligations respectives de la part du tireur et de celle du donneur de valeur.

Des obligations du tireur.

On peut réduire à un seul chef l'obligation du tireur ; savoir : à faire payer au donneur de valeur, par une lettre de change, au tems et au lieu convenus, l'argent qu'il lui a donné à recevoir en échange de l'argent ou autre valeur qu'il en a reçue, ou qu'il doit en recevoir ici.

Observons que le tireur n'est pas débiteur d'un corps

certain, mais d'une certaine somme. Si donc l'argent qu'il a fait passer à son correspondant, pour acquitter la traite, vient à périr, même par accident de force majeure, il ne sera pas libéré de son obligation, attendu que le principe qui fait retomber sur le créancier la perte de la chose dûe, survenue par accident de force majeure, n'a d'application qu'aux obligations d'un corps certain, et non à celles d'une somme d'argent.

Ce principal chef d'obligation du tireur se divise en trois obligations secondaires :

La première consiste à fournir la lettre de change, pourvu néanmoins que celui à qui elle doit être fournie ait donné la valeur promise. C'est ainsi que le vendeur d'une maison n'est pas tenu de la livrer, tant que l'acquéreur n'a pas payé son prix. Il y a néanmoins une exception; c'est celle où le donneur de valeur aurait pris terme, par exemple, s'il ne s'était obligé à payer que lorsque la traite serait acceptée.

En second lieu, le tireur est tenu de faire raison au donneur de valeur de ses dommages et intérêts, à défaut de paiement de la lettre à son échéance.

Ces dommages et intérêts comprennent, 1°. la restitution de la somme principale portée par la lettre de change; 2°. celle reçue par le tireur pour son droit de change; 3°. les intérêts de ces deux sommes qui commencent à courir de plein droit contre le tireur du jour du protêt; 4°. les frais de protêt et autres procédures; 5°. les frais du voyage que le donneur de valeur a fait au lieu où la lettre était payable, pour y faire ses affaires, qu'il n'a pu faire faute de paiement de la traite ; 6°. les frais de rechange payés par le donneur de valeur.

Ce mot de *rechange* demande une explication ; la voici : j'ai fait protester, faute de paiement, une traite qui m'avait été fournie par Pierre de Paris. J'ai pris d'un banquier du lieu où elle était payable une somme d'argent pareille à celle de la lettre non acquittée, et j'ai donné à ce banquier, en échange de la somme que j'ai reçue de lui, une lettre de change tirée à vue sur Pierre. (Ce qu'on appelle *retrait*.) Si j'ai payé à ce banquier un droit de change, cette nouvelle avance de ma part se nomme *rechange*, et j'en dois être remboursé par Pierre qui m'a fourni la traite dont on m'a refusé le paiement. Mais je dois justifier, par des pièces valables, que j'ai pris de l'argent au lieu d'où j'ai fait le retrait. Les intérêts du rechange ne courent que du jour de la demande.

Troisièmement, le tireur est obligé, si la lettre n'est payable qu'au bout d'un certain tems, à la faire, en attendant, accepter par son correspondant. Et, faute par lui de satisfaire à son obligation, par le refus d'accepter que ferait celui sur qui elle est tirée, il doit donner caution au donneur de valeur de faire acquitter la traite à l'échéance au lieu où elle est payable, ou rendre la valeur qu'il a reçue, et les frais.

Des obligations du donneur de valeur.

Le donneur de valeur contracte deux espèces d'obligations :

1°. De payer la valeur de la lettre qui lui est fournie, en même tems qu'il reçoit la lettre, sans attendre son acceptation ou son acquittement, sauf convention contraire.

Si même le tireur avait fourni sa traite de confiance, avant d'avoir reçu les fonds, il conserverait un privilège sur la lettre. Supposons, par exemple, que celui à qui la lettre a été fournie, et qui en doit la valeur, vienne à faillir, et que la lettre soit trouvée sous ses scellés ; bien que la lettre soit causée *valeur reçue comptant*, le tireur peut, en rapportant le billet de celui à qui il l'a fournie, duquel il résulterait que la valeur est encore dûe, exercer son privilège contre les créanciers du failli, et s'en faire accorder la recréance.

2°. De présenter la lettre au tems de l'échéance, à celui sur qui elle est tirée, de faire constater par le protêt le refus de paiement, et de dénoncer ce protêt au tireur, afin que celui-ci puisse prendre les mesures pour faire payer celui sur qui la lettre est tirée, au cas qu'il soit son débiteur, ou qu'il ait des fonds à lui.

§ X.

Du contrat entre l'endosseur et celui à qui il passe son ordre.

Ce contrat est le même que celui qui a lieu entre le tireur et le donneur de valeur. L'endosseur contracte les mêmes obligations que le tireur, et celui au profit de qui l'ordre est passé les mêmes que le donneur de valeur.

Mais l'endossement a ceci de particulier qu'il contient une cession et transport de la lettre de change que l'endosseur fait à celui à qui il passe son ordre, ainsi que de tous ses droits et actions, tant contre ceux qui l'ont fournie que contre celui sur qui elle est tirée, lorsqu'il l'a acceptée.

D'où il suit qu'en cas de refus de paiement et de protêt de la lettre de change, le propriétaire a non-seulement une action de son chef contre le dernier endosseur qui lui a passé son ordre, mais encore les actions que cet endosseur avait contre les précédens endosseurs et le tireur.

ONZIÈME LEÇON.

SUITE DU CONTRAT DE CHANGE.

§ X I.

Du contrat entre le tireur et celui sur qui la lettre est fournie.

Le simple bon sens indique qu'il ne peut exister entre le tireur et celui sur qui la lettre est fournie d'autre contrat que celui de mandat, *mandatum solvendæ pecuniæ*. Il intervient et se contracte par l'acceptation que fait celui sur qui la lettre est tirée, ou même, avant cette acceptation, par le consentement qu'il donne par lettre missive à ce que le tireur fasse traite sur lui. Il y a plus, il est d'un usage constant dans le commerce que tout négociant, créancier d'un autre négociant d'une somme liquide pour une affaire de commerce, peut tirer sur lui une lettre de change de cette somme; et celui-ci, faute de l'acquitter, est condamné aux frais de protêt, de rechange, etc., de même que s'il eût consenti qu'on tirât sur lui.

C'est donc uniquement par les principes du mandat qu'il faut régler toutes les contestations qui peuvent naître entre le tireur et l'accepteur. Le tireur contracte les mêmes obligations que le mandant , et l'accepteur les mêmes que le mandataire.

Mais, parmi les obligations du mandant, on distingue celle de rembourser au mandataire tout ce qu'il a pu lui en coûter pour l'exécution du mandat. Qu'arrivera-t-il dans l'espèce suivante?

Le porteur d'une lettre de change l'a falsifiée, et a écrit une plus grande somme que celle portée par la lettre. La falsification est faite de manière qu'elle peut tromper une personne attentive et intelligente. Le banquier, trompé, paie au porteur la somme entière qui paraît portée par la lettre. A-t-il contre le tireur son mandant répétition pour ce qu'il a payé de plus que la lettre originaire ne portait?

Quelques jurisconsultes soutenaient l'affirmative, et ils se fondaient sur ce que le mandant doit rembourser au mandataire tous les déboursés auxquels le mandat a donné lieu , pourvu que celui-ci n'ait pas payé par sa faute plus qu'il ne fallait , *mandator debet refundere mandatario quidquid ei inculpabiliter abest ex causâ mandati.*

Le principe est vrai , mais l'application en est fausse. Il faut distinguer entre les dépenses que le mandataire a faites en exécution du mandat , *ex causâ mandati ,* et les pertes qu'il a pu éprouver à l'occasion du mandat , *tantum occasione mandati :* ceci va s'éclaircir.

Je vous ai chargé d'aller visiter une terre que je voulais acquérir. Vos frais de voyage , les salaires payés aux ouvriers dont vous vous êtes fait assister sont des déboursés qui tendaient véritablement à l'exécution du mandat : je vous en dois compte. Mais, dans votre route, vous avez été dépouillé par des voleurs : je ne vous indemniserai pas de cette perte ; car le vol dont vous avez été victime ne résulte pas de l'exécution même du mandat : c'est un cas fortuit et imprévu dont je ne saurais être responsable.

Il en est ainsi dans notre espèce : j'ai tiré sur vous une traite de 1000 francs, le porteur l'a falsifiée, et a substitué 3000 francs, que vous avez payés. En quoi consistait mon mandat ? En ce que vous payassiez 1000 francs. Vous avez payé 2000 francs de plus ; cette perte ne naît pas de mon mandat, mais d'une falsification qui m'est étrangère. Sans doute, il n'y aurait pas eu de falsification si je n'avais pas fourni ma traite. Mais cette falsification n'est pas plus l'effet de mon mandat, que le poison mêlé à un breuvage n'est l'effet de ce breuvage.

Il n'y a qu'un seul cas où je pourrais être tenu de vous indemniser de ces 2000 francs, ce serait celui où j'aurais écrit en chiffres la somme tirée par la lettre, et qu'on eût ajouté un ou plusieurs zéros. Ma faute aurait donné lieu à la falsification de la lettre, et j'en serais responsable.

Il faut faire le même raisonnement *a fortiori*, dans cette autre espèce : si un faussaire avait fabriqué en entier une fausse lettre de change, sous mon nom, adressée à mon banquier, et qu'il eût contrefait mon

écriture et ma signature, de manière à tromper une
personne attentive et intelligente, le paiement que
mon banquier ferait de cette traite ne peut lui donner
aucune action contre moi, à l'effet de s'en faire rembourser ; car ici il n'y a pas même de mandat. Le
mandat général que j'ai pu lui donner de payer toutes
les lettres de change que je tirerais sur lui, ne comprend
que celles qui viendraient de ma part : or, cette fausse
lettre ne procède aucunement de moi.

§ X I I.

*Du contrat entre celui sur qui la lettre est tirée, et le
propriétaire de la lettre.*

L'acceptation que fait d'une lettre de change celui
sur qui elle est tirée, renferme un contrat entre l'accepteur et le propriétaire, par lequel l'accepteur accède
à l'obligation du tireur, et s'oblige, en conséquence,
conjointement et solidairement avec le tireur envers
le propriétaire de la lettre à lui payer, en acquit du
tireur, la somme portée par la lettre, à son échéance
et au lieu où elle est payable.

Ce contrat est uni-latéral : il ne peut y avoir d'o-
bligé que l'accepteur ; le porteur de la lettre ne saurait contracter aucune obligation.

L'obligation de l'accepteur se réduit à payer la
somme portée en la lettre : d'où il suit que, faute de
paiement, il doit être condamné au paiement de la
somme principale, aux intérêts qui courent de plein

droit du jour du protêt, au const du protêt, aux frais de voyage et au rechange.

Il y a trois cas, néanmoins, où l'accepteur peut, nonobstant son acceptation, se dispenser de payer :

1°. Si le porteur a surpris à l'accepteur son acceptation par dol ; si, par exemple, étant instruit de la prochaine faillite du tireur, il en eût dissimulé la connaissance à l'accepteur, celui-ci serait restituable contre son acceptation, et repousserait, par une fin de non recevoir, la demande que ferait le porteur du montant de la traite.

2ª. Si le propriétaire de la lettre était un créancier du tireur, à qui le tireur aurait donné la lettre en paiement de sa dette dans les dix jours avant sa faillite, la lettre de change, en ce cas, est censée donnée à ce créancier pour le gratifier en fraude des autres créanciers. C'est pourquoi l'accepteur pourrait se refuser au paiement, nonobstant son acceptation.

3ª. Si l'accepteur peut découvrir que le propriétaire de la lettre en doit encore la valeur au tireur à qui il en a fait son billet, l'accepteur, à qui le tireur failli n'a pas remis de fonds, peut, comme exerçant les droits du tireur son débiteur, et, pour sûreté de la valeur qui est encore dûe par le porteur au tireur, retenir la somme qu'il s'est obligé par son acceptation de payer au porteur.

§ X I I I.

De ce qu'ont de particulier les actions qui naissent de la négociation de la lettre de change.

Des obligations ci-dessus établies naissent des actions qui ont ceci de particulier, que tous ceux qui interviennent dans la négociation d'une lettre de change, tireur, donneur de valeur, endosseurs, accepteur, quand ils ne seraient ni marchands ni banquiers, sont justiciables des tribunaux de commerce.

D'où il suit ,

1°. Que , dans les actions qui naissent de cette négociation , le demandeur peut conclure au principal , sans avoir fait précédemment statuer sur la reconnaissance de la traite qui est réputée suffisamment reconnue par cela seul qu'elle n'est pas déniée.

2°. Que le demandeur , avant qu'il ait été statué sur ses actions , et aussitôt après le protêt qui y donne ouverture , peut , sur une simple permission du juge , procéder par voie de saisie-arrêt sur les effets du tireur , des endosseurs et de l'accepteur.

3°. Que les jugemens de condamnation qui sont rendus sur ces actions emportent la contrainte par corps contre toutes sortes de personnes , excepté contre les femmes et filles qui ne sont pas marchandes publiques, les mineurs non marchands, et les septuagénaires.

§ X I V.

De ce que doit faire le porteur avant l'échéance.

Le porteur d'une traite peut n'être que le mandataire du dernier endosseur , mais souvent il est le propriétaire lui-même.

Dans le premier cas , il doit faire accepter la lettre le plutôt qu'il est possible ; car, faute de cette acceptation, son mandant n'a plus pour débiteur que le tireur. Or , si , dans l'intervalle, les affaires du tireur viennent à se déranger, le porteur mandataire pourrait être tenu, *actione mandati directâ* , des dommages-intérêts du propriétaire. Il est vrai que celui-ci a préalablement son recours contre les précédens endosseurs et le donneur de valeur ; mais en cas d'insolvabilité de ceux-ci, le porteur mandataire serait responsable.

Dans le second cas , le porteur propriétaire est libre de faire ou ne pas faire accepter , si ce n'est dans le cas où la lettre est tirée sous élection de domicile : comme si Pierre de Nantes tire une lettre de change sur Louis d'Orléans, payable dans Paris, le porteur est obligé de la faire accepter par Louis d'Orléans, avant l'échéance , afin de pouvoir se présenter à l'échéance au domicile de Paris.

§ X V.

De ce qu'il doit faire à l'échéance , faute de paiement.

Soit que la lettre ait été acceptée , soit qu'elle ne

l'ait pas été, soit qu'elle ait été déjà protestée ou non, faute d'acceptation, le porteur doit se présenter au jour de l'échéance à celui sur qui elle est tirée, pour en recevoir le paiement; et en cas de refus de payer, il doit faire constater ce refus par un acte de protêt, le dénoncer ensuite au tireur et aux endosseurs, pour se réserver son action en garantie contre eux.

§ X V I.

Du protêt et de sa forme.

Le protêt est un acte solemnel fait à la requête du propriétaire de la lettre de change, ou du porteur, au nom et comme procureur du propriétaire, pour constater le refus que fait celui sur qui elle est tirée de l'accepter ou de la payer.

De là, deux espèces de protêts : l'un, faute d'accepter; l'autre, faute de payer.

Quel qu'il soit, tout protêt doit être fait par un huissier, assisté de deux recors, au domicile du refusant. Il doit contenir, 1°. sommation de payer ou d'accepter la traite ; 2°. mention de la réponse ou du silence de celui sur qui elle est tirée, qu'on prend pour refus, et une protestation de la part du porteur de se pourvoir contre qui il appartiendra pour ses dommages et intérêts, même de prendre à change et rechange la somme portée par la lettre.

La lettre de change doit être transcrite dans l'acte du protêt; le domicile de l'huissier et des recors y doit être indiqué ; s'il y a des signatures en blanc au dos de la lettre, il en doit être fait mention ; enfin, copie du tout, signée de l'huissier et des recors, doit être laissée à la partie.

§ X V I I.

A qui, en quel cas, et dans quel tems il doit être fait.

Point de doute que le protêt ne doive être fait à celui sur qui la lettre est tirée. Mais, s'il avait lieu faute de paiement, et que l'acceptation portât ces mots : *au besoin chez un tel*, il pourrait encore être fait au domicile élu.

Le protêt, faute d'acceptation, se fait avant l'échéance de la lettre ; ce qui n'oblige pas celui sur qui elle est tirée de payer de suite, mais conserve les droits du tireur qui aurait réellement fourni les fonds.

Le protêt, faute de paiement, se fait lorsque celui sur qui elle est tirée refuse de payer à l'échéance.

C'est le jour même que la lettre échoit qu'elle doit être protestée. Cependant, le jour de l'échéance n'est pas toujours fatal. Lorsque la traite est fournie à jour nommé, à tant de jours de vue, à tant d'usances, il y a un délai de grace. Ce délai est de dix jours, si la valeur de la lettre a été fournie en argent, et de trente jours si elle l'a été en marchandises. Ce n'est alors que le dixième ou trentième jour après l'échéance écrite qu'on peut faire le protêt, à moins qu'il n'y ait dans le corps de la traite ces mots : *à jour fixe*; alors, en aucun cas, plus de délai.

A l'égard des lettres de change *à vue*, aucune loi ne détermine le jour que doit avoir lieu le protêt. On prétend qu'elles peuvent être protestées dans les cinq ans de la date ; après lequel tems elles sont éteintes par la prescription.

§ X V I I I.

De la dénonciation du protêt.

Il ne suffit pas d'avoir fait le protêt , il faut aussi poursuivre en garantie le tireur et les endosseurs, ce qui a lieu par la dénonciation du protêt.

Cette dénonciation se fait également par le ministère d'un huissier. Cependant, quelques négocians ont introduit entre eux l'usage de renvoyer , dans les délais de l'ordonnance, par une simple lettre missive, la traite avec l'acte de protêt à celui qui l'a fournie, lequel ne manque pas d'en accuser réception , et de la passer en compte à son donneur de valeur.

Il n'est pas besoin, au surplus, que la dénonciation soit accompagnée d'une assignation. Le propriétaire de la traite a cinq ans entiers pour former sa demande.

Vice versâ, le propriétaire peut assigner dans les délais de l'ordonnance , le tireur et les endosseurs, pour être condamnés à payer la lettre protestée, quoiqu'il ait négligé de leur donner en tête de l'assignation copie de l'acte de protêt ; car, l'ordonnance dit seulement que le tireur et les endosseurs seront poursuivis en garantie , sans parler de la dénonciation du protêt.

D'ailleurs , c'est un principe constant que le défaut d'avoir donné , par l'exploit , copie des pièces qui servent de fondement à la demande , n'emporte pas la nullité de la demande; la seule peine infligée au demandeur est de ne pouvoir faire entrer en taxe les copies qui seront données dans le cours de l'instance, et de supporter les frais des réponses qui pourront y être données.

Les délais prescrits par l'ordonnance, pour la dénonciation du protêt, sont, pour les personnes domiciliées en France , de quinze jours , si elles sont domiciliées dans les dix lieues de l'endroit où la lettre était payable. On ajoute un jour par cinq lieues , si leur domicile est plus éloigné. A l'égard des personnes domiciliées en Angleterre ou en Hollande , les délais sont de deux mois; de trois pour l'Italie , l'Allemagne et la Suisse; de quatre pour l'Espagne ; et de six pour le Portugal, la Suède et le Danemarck. Ce délai est compté du lendemain du protêt jusqu'au jour de l'action en garantie inclusivement.

Cette poursuite en garantie n'est pas ordonnée au seul propriétaire de la lettre. Le dernier endosseur , sommé en garantie par le propriétaire , est obligé lui-même d'exercer son action en garantie contre le tireur et les précédens endosseurs , dans le même délai qui court du lendemain du jour qu'il a été assigné ; et successivement, chaque endosseur jusqu'au premier, est tenu d'agir en garantie dans le délai ainsi réglé.

§ XIX.

De la peine du défaut de protêt , ou de dénonciation du protêt.

Lorsque le propriétaire de la lettre de change a négligé de faire le protêt, ou de le dénoncer au tireur et aux endosseurs dans le tems réglé par la loi, l'ordonnance lui inflige , pour peine , de supporter l'insolvabilité de celui sur qui la traite a été fournie , et d'être déchu de tout recours contre le tireur et les endosseurs. (*)

Mais, pour que ceux-ci soient admis à opposer cette exception , il faut qu'ils justifient, dans le tems qui leur sera fixé par le juge, que celui sur qui la lettre était tirée avait provision au tems auquel la lettre a dû être protestée ; ou leur était alors redevable du montant de la lettre. L'ordonnance est précise à cet égard ; elle s'exprime ainsi : « Les tireurs ou endosseurs des lettres se- « ront tenus de prouver que ceux sur qui elles étaient « tirées leur étaient redevables , ou avaient provision « au tems qu'elles ont dû être protestées; sinon , ils « seront tenus de les garantir. » (**)

(*) Titre **V**, article **XV**.
(**) Titre **V** , article **XVI**.

DOUZIÈME LEÇON.

SUITE DU CONTRAT DE CHANGE.

§ X X.

*De l'exercice des actions auxquelles le défaut de
paiement de la lettre donne ouverture.*

LE défaut de paiement donne ouverture,

1°. A l'action du propriétaire contre l'accepteur,
celui qui lui a fourni la traite, les endosseurs et le
tireur.

Ce propriétaire peut, si bon lui semble, intenter
en même tems toutes ses actions contre les différens
débiteurs qui en sont tenus. L'action qu'il a intentée
contre l'un d'eux ne l'exclut pas d'intenter celles qu'il
a contre les autres ; mais, comme ces différens débiteurs sont débiteurs envers lui de la même chose, le
paiement qui lui est fait par l'un d'eux, libère d'autant
envers lui tous les autres.

2°. A l'action du tireur contre l'accepteur à qui il a
remis les fonds, pour que celui-ci le garantisse de l'action du propriétaire de la lettre ; et, *vice versâ*, lorsque les fonds n'ont pas été remis à l'accepteur, celui-ci
a son action contre le tireur, pour qu'il lui remette les
fonds, et le garantisse de l'action du propriétaire.

3°. A l'action de chaque endosseur contre les endosseurs précédens, le tireur et l'accepteur.

Nous avons expliqué la nature de ces différentes actions en expliquant la nature des contrats d'où elles naissent.

§ X X I.

Des différentes manières dont s'éteignent les créances de la lettre de change.

Les créances de la lettre de change s'éteignent par le paiement, par la remise qui en est faite au débiteur, par la compensation, par la novation, par la confusion et par la prescription.

Du paiement. A qui doit-il être fait ?

Comme toute espèce de paiement, celui d'une lettre de change doit être fait au véritable créancier, c'est à dire au propriétaire de la lettre, ou à son fondé de pouvoir, ou à quelqu'un ayant qualité légale de consentir pour lui : de là, deux conséquences ι

1°. Le paiement fait à celui à qui, par le texte même de la lettre de change, elle est payable, serait nul s'il avait cessé d'être propriétaire par un endossement passé au profit d'une autre personne. Le véritable et seul propriétaire est celui au profit de qui le dernier endosseur a passé son ordre, à moins qu'il n'en soit le simple mandataire ; ce serait alors le dernier endosseur.

Sur quoi j'observerai une différence essentielle entre cette manière de transporter une lettre de change par simple endossement, et le transport qui s'en ferait par un acte séparé, ainsi qu'il se pratique pour toutes les autres créances. Le transport par acte séparé ne saisit le cessionnaire de la propriété de la lettre de change que du jour qu'il l'a signifiée à l'accepteur sur qui elle est tirée, et qui en est débiteur. En conséquence, le paiement qui serait fait au cédant depuis un transport de cette espèce, mais avant la signification, serait valable, et opérerait la libération tant du tireur que de l'accepteur. Au contraire, l'endossement saisit de plein droit, et de la lettre de change, et de tous les droits de l'endosseur, celui au profit de qui l'endosseur a passé son ordre; et dès lors, le paiement ne peut plus être fait à l'endosseur.

2°. Si le propriétaire de la lettre, avant de s'en être fait payer, meurt et laisse des héritiers mineurs et non usans de leurs droits, le paiement ne peut être valablement fait qu'à leur tuteur; et celui qui en serait fait à ces mineurs ne libérerait l'accepteur ni envers eux, ni envers le tireur, si ce n'est jusqu'à concurrence de ce que la somme payée aurait tourné à leur profit.

C'est dans ces principes qu'il faut résoudre la question suivante :

Le propriétaire de la lettre l'a envoyée par la poste à son correspondant, il lui a passé son ordre, afin qu'il la reçut pour lui. Le courrier, attaqué en chemin par des voleurs, est dévalisé. Avant qu'on ait pu donner avis de l'accident à l'accepteur, l'un des voleurs se présente avec la lettre sous le faux nom de celui à qui l'ordre en est passé, et en reçoit le paiement : ce paiement libérera-t-il soit le tireur, soit l'accepteur envers le propriétaire de la lettre? Non : parce que le paiement a été fait à une personne qui n'avait ni pouvoir du propriétaire, ni qualité de recevoir pour lui.

Peut être dira-t-on que l'accepteur a eu un juste sujet de croire, en voyant la lettre entre les mains du voleur, qu'il était la personne qu'il se disait être, et que le paiement qu'il lui a fait, l'a été de bonne. foi : je répondrai, avec Pothier, que la dette contractée par le tireur, et consentie par l'accepteur envers le donneur de valeur et ses successeurs, n'est pas une dette d'un corps certain, mais une dette *generis seu quantitatis*. Or, il y a une grande différence entre ces deux espèces de dettes : dans les dettes d'un corps certain, la chose dûe est aux risques du créancier; le débiteur en est libéré lorsque, sans sa faute, il a cessé de l'avoir en sa possession : d'où il suit que, si le débiteur l'a payée à une personne qu'il avait sujet de croire muni des pouvoirs du créancier, quoiqu'il ne le fût pas, ce paiement est valable, puisque, sans aucune faute de sa part, il a, par ce paiement, cessé d'avoir en sa possession la chose dûe. Il n'en est pas ainsi des dettes *generis*, telle qu'est celle d'une somme d'argent. On ne peut pas dire en ce cas que la chose dûe est aux risques du créancier, parce qu'on ne peut pas précisément déterminer quelle est cette chose dûe. C'est pourquoi, quand même le débiteur d'une somme d'argent aurait perdu, par force majeure, les deniers qu'il destinait pour le paiement de cette somme, il n'est pas pour cela libéré; *incendium are alieno non exuit debitorem.* Par la même raison, le paiement fait par le débiteur, quoique sans sa faute à celui qu'il croyait de bonne foi, mais à tort, le fondé de pouvoir du créancier ne peut le décharger de sa dette.

Tels sont les principes du droit, fortifié par cet usage constant du commerce qui veut : qu'un banquier ne paie point une lettre de change à la personne qui la lui présente, lorsqu'il ne la connaît pas, sans se faire certifier qu'elle est celle à qui la lettre est payable.

Par qui le paiement doit-il être fait?

Le paiement peut être fait non-seulement par celui sur qui la lettre est tirée, mais par les personnes indiquées en cas d'absence ou de refus de l'accepteur. Il peut même être fait, mais seulement en cas de protêt, par quelle que personne que ce soit, pour faire honneur au tireur ou à quelqu'un des endosseurs, et empêcher les poursuites auxquelles le protêt donnerait lieu.

Il y a, dans ce dernier cas, une dérogation au droit commun des autres créances. L'étranger, qui n'a aucun intérêt à acquitter celles-ci, n'est pas, en les payant,

subrogé aux droits du créancier, s'il n'a le consentement du créancier ou du débiteur. A l'égard des
lettres de change , l'étranger, qui les acquitte en cas
de protêt, est subrogé de plein droit à toutes les actions
du propriétaire, quoiqu'il n'en ait point de transport ,
et que la quittance qui lui a été donnée ne fasse mention , ni que la subrogation lui ait été accordée , ni
qu'il l'ait requise. (*)

Quand et sur quel pied le paiement doit-il être fait?

Deux choses sont encore particulières aux lettres
de change :

1°. Dans les dettes ordinaires, le terme est présumé
n'être accordé qu'en faveur du débiteur. C'est pourquoi le débiteur peut obliger le créancier à recevoir
le paiement de la dette avant l'échéance du terme ,
et, sur son refus, consigner. La déclaration du 28 no-
vembre 1713, a introduit une exception pour les lettres
de change : le porteur ne peut être obligé à en recevoir le paiement avant l'échéance du terme; en effet,
les marchands n'achètent telle ou telle lettre de change
que parce qu'ils ont besoin de cet argent à un certain
lieu et à jour nommé : aussi, dans les traites, le terme
est censé opposé pour l'intérêt du créancier comme
pour celui du débiteur.

2°. Lorsque le porteur d'une lettre de change ne

(*) Titre V, article III.

s'est pas présenté pour la recevoir au jour de l'échéance, et que depuis, il est survenu une diminution sur les espèces, il est tenu d'en recevoir le paiement sur le prix que les espèces valaient alors. Cette disposition de la déclaration de 1713 a eu pour objet de prévenir les fraudes de certains porteurs qui, pour éviter la diminution d'espèces dont on était menacé, ne se présentaient pas pour recevoir le paiement de leurs traites, quoique échues, jusqu'à l'évènement de la diminution ; et, en même tems, pour subvenir aux débiteurs qui, ne sachant en quelles mains se trouvait la lettre de change, ne pouvaient se libérer par des offres et par la consignation.

§ X X I I.

De la remise.

Comme toutes les obligations, la créance de la lettre de change s'éteint par la remise que le créancier en fait au débiteur. Mais ici cette remise a des effets différens, selon le débiteur à qui elle est faite : elle peut l'être soit à l'accepteur, soit au tireur, soit aux endosseurs.

De la remise faite à l'accepteur.

Il ne saurait être douteux que la remise faite par le propriétaire à l'accepteur éteint de droit la créance de la lettre de change. Mais il s'agit de savoir si cette re-

mise doit profiter au tireur et aux endosseurs. Nous dis-
tinguerons entre la remise faite avant l'échéance, et
celle faite après le protêt.

Première hypothèse. — Si la remise a été faite avant
l'échéance, le tireur en profite en ce sens, qu'il cesse
d'être sujet aux actions qu'aurait pu avoir contre lui le
propriétaire de la lettre ; car, n'y ayant que la demeure
en laquelle serait l'accepteur d'acquitter la lettre cer-
tifiée par un protêt duement fait, qui puisse donner
lieu à ces actions; et l'accepteur ne pouvant plus, au
moyen de la remise, être mis en demeure de l'acquitter, il s'ensuit qu'il ne peut plus y avoir lieu à
aucune action de garantie de la part du propriétaire.

Mais sera-t-il tout à fait libéré, et l'accepteur son
mandataire ne pourra-t-il pas dans son compte lui
porter en dépense les fonds destinés à payer cette
lettre de change? *Oui*, si la remise a été faite à l'accepteur en récompense de services rendus par lui au
propriétaire de la lettre : l'accepteur alors peut dire,
qu'il a payé la traite par la compensation qui s'en est
faite avec la récompense de ses services, pour lesquels
il n'aurait pas eu d'action, mais dont le prix lui était
dû au moins naturellement par le porteur de la lettre.
Non, si la remise a été purement gratuite. En effet,
l'accepteur ne pouvant justifier d'aucun déboursé
même fictif, n'a rien à porter en compte à son commettant.

Seconde hypothèse. — Lorsque la remise n'a eu lieu
qu'après l'échéance et le protêt, il faut encore distin-

guer si la remise est réelle, ou si elle n'est qu'une décharge personnelle.

Dans le premier cas, le propriétaire a déclaré qu'il tenait la traite pour acquittée, et il en a donné quittance pure et simple à l'accepteur, sans en avoir reçu le montant. Une telle remise éteint de droit et radicalement la dette de la lettre de change, et opère irrévocablement la libération de tous ceux qui en sont tenus.

Dans le second cas, par exemple, si le porteur a seulement écrit à l'accepteur qu'il le déchargeait de la lettre de change; ou l'accepteur avait reçu les fonds du tireur, ou il n'en avait pas reçu. Si les fonds ont été fournis par le tireur, il est libéré de droit même par la décharge personnelle de l'accepteur. Autrement, s'il pouvait être poursuivi par le propriétaire, il exercerait son recours contre l'accepteur, et celui-ci, obligé de payer, ne profiterait pas de la remise qui lui a été faite. Mais si le tireur n'a pas fourni les fonds, il peut être poursuivi en garantie par le propriétaire de la lettre, parce que cette action ne peut pas rejaillir contre l'accepteur, qui n'a contracté aucune obligation envers le tireur.

Dans l'un et l'autre cas, la libération de l'accepteur opère celle des endosseurs. En effet, soit que les fonds aient été fournis ou non, les endosseurs ne peuvent jamais être privés de leur recours contre l'accepteur. Si donc ils étaient poursuivis par le propriétaire de la lettre, ils exerceraient nécessairement leur action en garantie contre l'accepteur qui , par là , se trouverait privé du bénéfice de la remise.

De la remise faite au tireur ou à un endosseur.

Lorsque la remise est faite au tireur par le propriétaire de la lettre de change , elle opère la libération non-seulement du tireur , mais encore de l'accepteur , à qui celui-ci n'avait pas encore remis les fonds pour payer. Autrement, si l'accepteur pouvait encore être poursuivi , la remise serait inutile au tireur , contre lequel l'accepteur exercerait son recours pour se faire fournir les fonds.

Il n'en serait pas ainsi si le tireur avait d'avance remis les fonds à l'accepteur. Il faudrait alors distinguer : ou la remise est une remise réelle, ou elle n'est qu'une décharge personnelle. Dans le premier cas , toutes les actions du propriétaire de la lettre sont éteintes ; dans le second cas , le porteur peut très-valablement poursuivre l'accepteur , parce qu'il n'est point à craindre que celui-ci exerce aucun recours contre le tireur qui a donné des fonds.

Si la remise est faite à un endosseur , elle n'opère la libération ni de l'accepteur, ni des autres endosseurs , ni du tireur , à moins que ce ne soit une remise réelle.

TREIZIÈME LEÇON.

SUITE DU CONTRAT DE CHANGE.

§ XXIII.

Comment s'éteint une lettre de change par compensation, novation et confusion ?

LA compensation peut être opposée au propriétaire de la lettre de change par l'accepteur, les endosseurs et le tireur. Mais il faut, 1°. que ceux qui l'opposent soient créanciers du propriétaire d'une somme liquide et échue. 2°. A l'égard de l'accepteur, que le jour de l'échéance de la traite soit arrivé ; car le propriétaire qui, avant l'échéance, aurait le droit de refuser le paiement réel, peut refuser la compensation. A l'égard des endosseurs et du tireur, que le protêt leur ait été dénoncé ; car ils ne sont constitués débiteurs que du jour de cette dénonciation.

Opposée par l'accepteur, la compensation éteint toutes les créances de la lettre de change, sauf l'action *mandati contrariâ* que l'accepteur a contre le tireur, si celui-ci n'a pas fourni les fonds.

Opposée par un endosseur, elle n'éteint que sa créance. Il conserve son action en garantie contre les endosseurs précédens , le tireur et le donneur de valeur.

Opposée par le tireur , elle éteint sa créance , celle des endosseurs , et celle même de l'accepteur , lorsque celui-ci n'a pas reçu de fonds. Autrement , le tireur conserverait son action *mandati directâ* , contre l'accepteur son mandataire et son débiteur.

Comme toute créance , une lettre de change peut s'éteindre par la novation. C'est à dire que , soit l'accepteur , soit un endosseur , soit le tireur à qui on demande le paiement de la traite , tous peuvent offrir en paiement une nouvelle obligation. Si le propriétaire l'accepte , la créance de la lettre est éteinte , mais elle ne l'est que relativement au propriétaire. Elle reste entre les mains de celui qui a fait la novation , pour exercer ses actions en garantie contre qui de droit.

La créance de la lettre de change peut aussi s'éteindre par la confusion , lorsque le propriétaire de la lettre est devenu héritier de l'accepteur , ou *vice versâ*. De cette manière , sont libérés tout à la fois les endosseurs et le tireur. Celui-ci , cependant , s'il n'a pas fourni les fonds , reste toujours obligé , *actione mandati contrariâ* , envers l'accepteur ou le porteur qui en tient la place.

Il se fait aussi confusion et extinction de la créance de la traite , lorsque le propriétaire devient héritier du tireur , *et vice versâ*. Tous les endosseurs sont libérés ;

mais l'accepteur ne l'est que dans le cas où il n'a pas reçu les fonds du tireur.

Lorsque le propriétaire de la lettre devient l'héritier de l'endosseur qui lui a passé son ordre , *et vice versâ* , il ne se fait confusion que de la dette particulière que cet endosseur a contractée envers lui , et de l'action qu'il aurait pu avoir contre ledit endosseur , en cas de refus par l'accepteur de l'acquitter. Mais la créance de la lettre subsiste tant contre l'accepteur que contre les endosseurs précédens et contre le tireur.

Lorsque ce n'est pas à son endosseur que le propriétaire de la lettre a succédé , mais à un endosseur antérieur , il se fait extinction non-seulement de la créance et de l'action qu'il avait contre cet endosseur auquel il succède , mais aussi de celles qu'il pouvait avoir contre les endosseurs postérieurs : car étant héritier d'un endosseur antérieur , il est obligé de garantir les endosseurs postérieurs. Au surplus , il conserve sa créance , tant contre l'accepteur que contre le tireur et les endosseurs antérieurs à celui auquel il a succédé.

§ XXIV.

De la prescription des lettres de change.

Toute demande que formerait le propriétaire de la lettre de change , soit contre l'accepteur , soit contre le tireur , soit contre les endosseurs , après les cinq ans depuis l'échéance de la lettre , si elle n'a pas été protestée , ou depuis le protêt s'il a eu lieu , et qu'il n'y

ait pas eu d'autres poursuites, ou depuis la dernière poursuite, serait repoussée par la prescription. Ainsi le veut l'ordonnance de 1673, titre V, article XXI :
« Toutes les lettres et billets de change seront réputés
« acquittés après cinq ans de cessation de demande et
« de poursuite, à compter du lendemain de l'échéance,
« ou du protêt, ou de la dernière poursuite. »

Mais cette prescription n'a pas lieu contre l'action que l'accepteur, qui a payé sans que le tireur lui eût remis les fonds, a contre celui-ci pour en être acquitté ; car l'ordonnance dit seulement que les lettres de change seront réputées acquittées après cinq ans ; mais elle ne dit pas qu'au bout de ce tems l'accepteur qui l'aura acquittée sera présumé en avoir été remboursé par le tireur. Or, ce sont deux choses tout à fait différentes ; car, à proprement parler, l'action que l'accepteur a contre le tireur, ne dérive pas de la lettre de change, mais du mandat intervenu entre eux.

Cette prescription cesse encore lorsqu'il y a eu un jugement d'obtenu. Ce jugement est un nouveau titre acquis au propriétaire contre ses débiteurs ; et ce titre n'est sujet qu'à la prescription de trente ans.

Enfin, comme cette prescription est fondée sur la présomption de paiement, le propriétaire à qui on l'oppose peut déférer le serment décisoire au défendeur. « Les prétendus débiteurs, dit l'ordonnance,
« seront tenus d'affirmer, s'ils en sont requis, qu'ils
« ne sont plus redevables. »

Il nous reste à observer que l'ordonnance, même

titre , article XX , a établi une autre espèce de prescription en faveur de ceux qui se rendent cautions pour l'évènement des lettres de change , soit pour le tireur , soit pour un endosseur , soit pour l'accepteur ; elle veut que ces cautions soient déchargées de plein droit après trois ans , à compter des dernières poursuites faites par le créancier de la lettre.

§ X X V.

Des billets de change.

Le billet de change est celui qui est fait en exécution du contrat de change.

Il y en a de deux espèces : ceux pour lettres de change fournies ; et ceux pour lettres de change à fournir.

Le billet pour lettres de change fournies est celui par lequel quelqu'un s'oblige envers un autre à lui payer une certaine somme pour le prix des lettres de change qu'il lui a fournies.

Aux termes de l'article XXVIII de l'ordonnance , ce billet doit contenir , 1°. la déclaration des lettres de change fournies, pour le prix desquelles le billet est fait ; 2°. le nom de celui sur qui elles ont été tirées ; 3°. le nom de celui qui est déclaré , dans ces lettres , le donneur de valeur ; 4°. la valeur fournie , soit en deniers , marchandises ou autres effets.

Le billet pour lettres de change à fournir est celui par lequel quelqu'un s'oblige envers un autre à lui fournir des lettres de change sur telle ville , pour la valeur qu'il en a reçue.

L'ordonnance , article XXIX , exige dans cette seconde espèce de billets de change , 1°. qu'ils fassent mention du lieu où doivent être tirées les lettres de change à fournir par celui qui souscrit le billet ; 2°. qu'ils contiennent une déclaration de la valeur qu'il en a reçue ; 3°. qu'ils fassent mention de la personne de qui il l'a reçue.

On peut encore imaginer une troisième espèce de billets de change , qui seroit tout à la fois pour lettres de change fournies , et pour lettres de change à fournir. Tel serait celui conçu de cette manière : « Je reconnais « qu'un tel m'a fourni une lettre de change de ... sur « un tel, d'un tel lieu , payable à telle échéance , en « laquelle il est déclaré que j'en ai payé la valeur « comptant, quoique je ne l'aie pas payée, et pour la- « quelle valeur , je promets fournir audit tel une lettre « de change d'une telle somme, sur un tel , d'un tel « autre lieu , payable à telle échéance. »

§ X X V I.

Des billets à domicile.

Le billet à domicile est celui par lequel je m'oblige à vous payer, ou à celui qui aura ordre de vous , une certaine somme dans un certain lieu , par le ministère de mon correspondant, à la place de celle que j'ai reçue ici de vous ou que j'en dois recevoir.

Ce billet se négocie comme la lettre de change. Il en diffère néanmoins en un point essentiel :

Dans la lettre de change, celui sur qui elle est tirée doit l'accepter, et en devient débiteur par cette acceptation ; et celui qui l'a fournie en est seulement le garant. Celui, au contraire, qui souscrit un billet payable à domicile, en est seul débiteur. Son correspondant, au domicile duquel il promet le payer, n'est qu'une personne indiquée, par le ministère de laquelle il doit faire ce paiement. Aussi ces sortes de billets ne se font pas accepter.

§ X X V I I.

Des billets à ordre.

Les billets à ordre sont ceux par lesquels quelqu'un promet à un autre de payer une somme d'argent à lui ou à son ordre, c'est à dire à celui à qui il aura passé son ordre au dos du billet.

Ces billets se négocient de la même manière que les lettres de change. De là, plusieurs différences entre les billets à ordre et les simples billets :

1°. Le droit d'un simple billet ne peut passer à un autre que par un acte de transport qui soit signifié au débiteur du billet par le cessionnaire ; tandis que le propriétaire d'un billet à ordre saisit incontinent, par un simple endossement, de la propriété du billet, celui au profit de qui il passe son ordre.

2°. Le transport d'un simple billet, lorsque le cédant ne s'oblige pas, par une clause particulière, à la fournir et faire valoir, n'oblige le cédant à d'autre garantie, sinon que le contenu au billet lui est dû; mais il ne l'oblige pas à la garantie de la solvabilité du débiteur. Au lieu que le transport que renferme l'endossement d'un billet à ordre, renferme aussi une obligation de la part de l'endosseur de procurer le paiement du billet à celui à qui il a passé son ordre, et dont il en a reçu la valeur.

3°. Il n'y a aucun tems fatal dans lequel le cessionnaire d'un simple billet, à qui on a garanti la solvabilité du débiteur, soit obligé de faire ses diligences contre le débiteur, à l'effet de pouvoir exercer son action en garantie. Mais l'ordonnance a exigé des porteurs de billets à ordre qu'ils fissent leurs diligences dans les dix jours, à compter du lendemain de l'échéance, lorsque le billet est causé valeur reçue comptant, et, dans les trois mois, s'il est pour marchandises et autres effets.

L'usage a dérogé à cette disposition de l'ordonnance : Le protêt et la dénonciation du protêt d'un billet à ordre se font dans les mêmes délais que ceux d'une lettre de change.

Par cet exposé, on voit que, pour la négociation, il y a beaucoup de rapports entre les billets à ordre et les billets de change. Il faut cependant observer deux différences essentielles :

1°. Celui qui a souscrit un billet de change pour lettres de change fournies, peut s'obliger valablement à payer pour droit de change quelque chose au-delà de la somme portée par les lettres qui lui ont été fournies, pourvu que ce droit n'excède pas ce que les lettres gagnent sur l'argent, au lieu et au tems de la fourniture des léttres. Quant au débiteur d'un simple billet à ordre, il ne peut s'obliger à payer autre chose que la somme qu'il a reçue ; et les intérêts n'en sont dûs que du jour de la demande qui lui en est faite en justice.

2°. Le paiement des billets à ordre ne s'exige que par les voies ordinaires, comme celui des simples billets, lorsque le souscripteur n'est ni marchand ni banquier.

§ X X V I I I.

Des rescriptions.

Une rescription est une lettre par laquelle je mande à quelqu'un de payer ou de compter pour moi à un tiers une certaine somme.

Il y en a de deux espèces : celle pour acquitter une dette, et celle pour prêt ou donation.

La première est celle par laquelle un débiteur mande à quelqu'un de payer une certaine somme pour lui à son créancier, entre les mains duquel il remet à cet effet la rescription. C'est ce qu'on nomme *adsignatio.*

Trois personnes interviennent dans cette espèce de négociation : *adsignans*, le débiteur qui indique à son créancier une personne de qui il recevra la somme qu'il lui doit; *adsignatus*, la personne indiquée au créancier; *adsignatarius*, le créancier à qui on fait l'assignation.

De là, résultent deux contrats de mandat : l'un par lequel l'indiquant mande à la personne indiquée de payer pour lui à son créancier la somme portée par la rescription; l'autre par lequel le même indiquant mande à son créancier de recevoir de la personne indiquée la somme portée par la rescription, pour la retenir en paiement de ce qui lui est dû.

Cette assignation se distingue par quatre caractères principaux de la délégation dont nous avons parlé au second cahier, parmi les manières d'éteindre les obligations :

1°. Le créancier de l'indiquant, porteur de la rescription, ne peut faire contre la personne indiquée aucunes poursuites pour le paiement ; car la rescription lui donne seulement pouvoir de recevoir, et non d'exiger.

2°. Par la même raison, l'acceptation que fait de la rescription le débiteur indiqué, donne lieu au porteur de la rescription une action pour se faire payer; mais elle ne l'oblige pas d'user de cette action, et de faire des poursuites contre le débiteur indiqué ; car il ne s'est chargé que de recevoir et non d'exiger. C'est pourquoi il peut, en rendant la rescription en tems opportun, se faire payer par son propre débiteur.

3°. Il n'y a aucun tems dans lequel le porteur de

la rescription soit précisément tenu de se présenter à la personne indiquée pour recevoir le montant de sa somme. Néanmoins, s'il avait laissé passer un tems considérable, lequel doit s'estimer *arbitrio judicis*, et que, pendant ce tems, la personne indiquée fût devenue insolvable, le porteur devrait être tenu de cette insolvabilité ; car, s'étant chargé de recevoir cette somme en prenant la rescription, il est tenu des dommages et intérêts que souffre le mandant de ce qu'il n'a pas exécuté le mandat, et n'est pas allé, comme il s'en était chargé, recevoir la somme de la personne indiquée, pendant qu'elle pouvait payer.

4°. Lorsque le débiteur indiqué souscrit la rescription et s'engage de l'acquitter, il n'est pas pour cela libéré envers l'indiquant, ni celui-ci envers le créancier auquel il a donné la rescription.

La personne indiquée accepte comme débiteur de l'indiquant, et ne s'oblige de payer la rescription au porteur qu'autant et de la manière qu'il pourrait y être obligé envers l'indiquant son créancier.

C'est pourquoi si d'autres créanciers de l'indiquant arrêtaient, entre les mains du débiteur indiqué, ce que celui-ci doit à celui-là, le débiteur indiqué, nonobstant son acceptation, ne pourrait être obligé à payer le porteur de la rescription, qu'il ne se fût fait régler avec les autres créanciers arrêtants.

La rescription pour cause de prêt ou de donation est celle par laquelle, voulant donner ou prêter à un de mes amis une somme d'argent que je n'ai pas disponible , je mande à un de mes débiteurs ou à toute autre personne de la lui compter.

Il n'y a ici qu'un seul mandat; savoir : celui qui intervient entre et moi la personne que je charge de compter la somme au porteur de la rescription ; et ce mandat se contracte lorsque celui à qui la rescription est adressée l'acquitte ou se charge de l'acquitter.

Terminons par cette réflexion : que le prêt ou la donation que j'entends faire à mon ami n'est parfait que par le paiement qui lui en est fait. Jusque-là, je puis changer de volonté, et donner des ordres contraires à la personne à qui est adressée la rescription.

QUATORZIÈME LEÇON.

Du contrat d'assurance maritime.

PARAGRAPHE PREMIER.

Du contrat d'assurance.

LE contrat d'assurance, en général , est celui par lequel l'un des contractans se charge du risque des cas fortuits auxquels une chose est exposée , et s'oblige envers l'autre contractant de l'indemniser de la perte que lui causeraient ces cas fortuits s'ils arrivaient , moyennant une somme que l'autre contractant lui donne ou s'oblige de lui donner pour le prix des risques dont il le charge.

Toutes choses qui sont sujettes à des risques sont susceptibles de ce contrat. On peut assurer des maisons contre les dangers du feu , des fruits pendants contre le danger de la grêle, etc. Ceux qui s'embarquent peuvent faire assurer la liberté de leurs personnes, c'est à dire donner une prime moyennant laquelle, s'ils sont pris par des corsaires ou par des ennemis, l'assureur s'oblige de payer une somme convenue pour servir à leur rançon et aux frais de leur retour. Mais il ne sera question dans ce chapitre que du contrat d'assurance maritime.

I I.

Du contrat d'assurance maritime.

Ce dernier est un contrat par lequel l'un des contractans se charge des risques et fortunes de mer que doivent courir un vaisseau ou les marchandises qu'il porte, et s'oblige d'indemniser l'autre contractant, qui, de son côté, lui donne ou s'oblige de lui donner une certaine somme pour le prix de ce risque.

On appelle *assureur* celui qui se charge des risques ; *assuré*, celui qui en est déchargé ; *prime d'assurance* le prix du risque; et *police d'assurance*, l'acte écrit du contrat.

Ce contrat est consensuel : il reçoit sa perfection par le seul consentement des parties; synallagmatique, car il produit des obligations réciproques ; intéressé de part et d'autre, il a évidemment pour objet l'utilité des deux parties; aléatoire, parce que la prime que l'assureur reçoit n'est pas l'équivalent de ce qu'il s'oblige à payer, le cas fortuit arrivant; du droit des gens, il n'est assujetti par le droit civil à aucune forme particulière.

§ III.

Des choses qui sont de son essence.

Cinq choses sont de l'essence de ce contrat :

1°. Il faut qu'il y ait une ou plusieurs choses qui soient l'objet de l'assurance. On devrait conclure de cette proposition que, si les choses n'existaient plus lors du contrat, il devient nul, quand même l'assuré en aurait ignoré la perte; de même qu'un contrat de vente est nul lorsque la chose vendue n'existait plus lors du contrat, quoique les parties l'ignorassent. Mais ici le droit civil a dérogé au droit commun : l'article XXXVIII du titre des assurances de l'ordonnance de 1681, en déclarant nulles les assurances faites après la perte des choses assurées, *si l'assurée le savait ou pouvait en savoir la perte,* laisse à tirer la conséquence que, s'il ne l'a su ni pu savoir, le contrat d'assurance est valable.

C'est à l'assureur à prouver que l'assuré avait ou pouvait avoir connaissance de la perte des choses assurées; et, s'il réussit à établir ses preuves, l'assuré est condamné à payer le double de la prime portée au contrat, en sus de la restitution préalable de la somme assurée qu'il aurait reçue.

2°. Il faut qu'il y ait un risque auquel la chose soit exposée. Si donc, lors du contrat, l'assureur a su ou pu savoir l'arrivée à bon port du vaisseau assuré, le contrat est nul. De plus, il doit être condamné à la restitution de la prime et au paiement du double en sus. Mais si l'assureur était de bonne foi, s'il n'a ni su ni pu savoir que les risques ne pouvaient plus exister, la loi fait subsister le contrat, et suppose que les risques n'ont cessé que du jour qu'on a eu la nouvelle de l'arrivée du vaisseau.

Le contrat peut porter sur toute espèce de risques provenans de cas fortuits, et pouvant survenir par force majeure. L'ordonnance est très-explicite à cet égard: il est dit, article XXVI du titre VI: « Seront
« aux risques des assureurs toutes pertes et dommages
« qui arriveront sur mer par tempêtes, naufrages,
« échouemens, abordages, changement de route, de
« voyage ou de vaisseau, jet, feu, pillages, prises,
« arrêts de prince, déclaration de guerre, représailles,
« et généralement toutes autres fortunes de mer. »

Il est permis aux parties de limiter tous les cas fortuits qui sont l'objet de l'assurance. Par exemple : on peut excepter les arrêts de prince , les déclarations de guerre et représailles. Mais , quand les parties ne se sont pas expliquées à cet égard , la police d'assurance comprend toutes les fortunes de mer généralement quelconques. Pour éviter néanmoins toute extension arbitraire de ces expressions génériques, l'ordonnance a précisé les pertes et dommages dont les assureurs ne sont pas tenus.

« Les assureurs ne sont pas tenus des pertes et dommages arrivés par la faute des maîtres et des « mariniers , si , par la police , ils ne sont chargés « de la baraterie du patron. » (Article XXVIII.) Ces termes de baraterie du patron , comprennent le dol , la simple imprudence , le défaut de soin et l'im-péritie tant du maître que des gens de l'équipage. On conçoit facilement que cette exception ne saurait avoir lieu , si c'est le maître lui-même qui est le propriétaire des marchandises assurées. On ne peut pas se faire as-surer de son propre dol , ou même de sa négligence.

« Les déchets , diminutions et pertes qui arrivent « par le vice propre de la chose ne tombent pas sur les « assureurs. » (Article XXIX.) On ne peut donc pas rendre les assureurs responsables du coulage des mar-chandises , des accidens arrivés par la vétusté du vais-seau , des câbles ou des voiles , ni même de la mort naturelle des animaux embarqués.

« Les assureurs ne sont tenus des pilotages, touages , « lamanages , des droits de congé , visite , rapports et

« ancrage , ni de tous autres imposés sur les navires et
« marchandises. » (Article XXX.) *Pilotage* est le
droit que les maîtres de navire paient au pilote-cô-
tier , dont ils se servent pour entrer dans les ports et en
sortir en sûreté. *Touage* , est le salaire de ceux qui
halent les navires dans les rivières, pour les conduire
au fil de l'eau. *Lamanage* , est ce qu'on donne aux con-
ducteurs des petites barques qui viennent au-devant
des navires avec des instrumens propres à les haler et
à diriger leur marche lorsqu'ils entrent dans un port
ou dans une rivière. *Droit de congé* , c'est à dire du
passeport que le maître doit prendre pour chaque
voyage. *Droits de visite* , sont ceux attribués aux officiers de l'amirauté pour la visite des navires. *Droits
de rapports* , sont ceux des déclarations que le maître
doit faire à l'amirauté, soit à son arrivée , soit au cas
de relâche dans chaque port. *Droits d'ancrage* , sont
ceux qui sont dûs pour la permission de mettre le navire à l'ancre dans chaque port ou rivière. *Tous autres
droits sur les navires et marchandises* , tels que ceux
pour lamanage du navire sur le quai, les droits d'en-
trée et de sortie des marchandises, etc. , etc.

« Les assureurs ne sont pas tenus des risques lors-
« qu'on s'est écarté de ce qui est porté par la police ,
« si ce n'est de leur consentement , ou en cas de né-
« cessité. » (Article.) Par exemple : si vous m'avez
assuré des marchandises de valeur de 45,000 francs, qui
devaient être chargées par tiers sur trois vaisseaux dé-
nommés en la police d'assurance , et que j'aie chargé

toutes ces marchandises sur un seul de ces vaisseaux , je n'ai d'action contre vous que pour le tiers de ces marchandises , quoique toutes aient péri.

3°. Il faut qu'il y ait une somme que les assureurs s'obligent de payer en ce cas de perte des choses assurées. Elle peut être , ou non , déterminée par la police d'assurance ; mais , dans aucun cas , elle ne peut excéder la valeur des choses assurées. « Défendons (dit « l'ordonnance , (article XXII) de faire assurer des « effets au-delà de leur juste valeur par une ou plu-« sieurs polices , à peine de la nullité de l'assurance et « de la confiscation des marchandises. »

« Si toutefois (ajoute l'article XXIII) il se trouve « une police faite sans fraude , excédant la valeur des « effets chargés , elle subsistera jusqu'à concurrence « de leur estimation ; et , en cas de perte , les assureurs « en seront tenus , chacun à proportion des sommes « assurées par eux , comme aussi de rendre la prime du « surplus , à la réserve du demi pour cent. »

4°. Il faut qu'il y ait quelque chose que l'assuré donne ou s'oblige de donner à l'assureur pour le prix des risques dont il le charge. C'est ce qu'on nomme prime , parce qu'aux termes de l'ordonnance , elle devrait se payer *primo* et avant tout. L'article VI veut « que la prime ou cours d'assurance soit payée « en son entier lors de la signature de la police. » Mais l'usage a prévalu de la payer en un billet à échéance , qu'on appelle *billet de prime*.

La quotité de cette prime est stipulée à raison de

tant pour cent de la valeur des choses assurées , soit en une somme totale pour tout le voyage , soit en des sommes partielles pour chaque mois qu'il durera, soit en une somme particulière pour le voyage et une autre pour le retour, soit en une seule somme pour le voyage et le retour.

La prime étant le prix des risques dont se charge l'assureur , on ne peut pas en faire une estimation fixe qui convienne à tous les contrats. La nature et l'étendue des risques, la durée et l'espèce du voyage , les dangers de la guerre ou le calme de la paix , une foule de circonstances qu'on ne peut pas détailler , toutes les clauses particulières , dont le contrat est susceptible , augmentent et diminuent le juste prix.

5°. Et , enfin , il faut que le consentement des parties intervienne sur les choses qu'on fait assurer , sur la somme pour laquelle on les assure , sur les risques dont se charge l'assureur , et sur la prime qui est le prix de l'assurance.

§ I V.

Des personnes entre qui ce contrat peut avoir lieu.

Toutes personnes capables de contracter peuvent assurer et faire assurer. Ce contrat peut être passé même avec des étrangers , bien que les deux nations soient en état de guerre. Il n'est même pas nécessaire que nous soyons propriétaires d'une chose , il suffit qu'elle soit à nos risques pour que nous ayons le droit de la faire assurer. Ainsi , un assureur peut faire réassurer par d'autres les effets dont il a pris les risques sur son compte.

§ V.

Des formalités de la police d'assurance.

L'ordonnance porte que : « Le contrat appelé *police d'assurance* sera rédigé par écrit. » (Article II.) Mais cette formalité n'est requise que pour la preuve du contrat, et non pour sa validité. Elle est, en effet, étrangère à la substance de ce contrat, et d'ailleurs l'ordonnance ne la requiert pas à peine de nullité. Peu importe d'ailleurs que l'écrit soit fait ou non par-devant notaire, l'ordonnance permet expressément de le faire sous signatures privées.

Au surplus, la police écrite doit contenir, aux termes de l'article III de l'ordonnance :

1°. « Le nom et le domicile de celui qui fait assurer ; »

2°. « Sa qualité de propriétaire ou de commissionnaire ; »

3°. « Les effets sur lesquels l'assurance est faite. » On doit distinguer plus particulièrement les marchandises qui sont sujettes à coulage, telles que sont les huiles, les vins et autres liquides.

4°. « Le nom du vaisseau ; »

5°. « Le nom du maître. » Si, néanmoins, sans cette désignation, le vaisseau était suffisamment connu et désigné, le contrat n'en serait pas moins valable.

6°. « Le nom du lieu où les marchandises auront été ou devront être chargées ; »

7°. Le nom des ports où le vaisseau devra charger et décharger, et de tous ceux dans lesquels il devra entrer ; »

8°. « Le tems auquel les risques commenceront et finiront. » Si les parties ne se sont pas expliquées à cet égard, l'ordonnance supplée à leur silence : « Pour les vaisseaux, agrès, apparaux et victuailles, le risque commence depuis qu'il a mis à la voile, et dure jusqu'à ce qu'il soit ancré au port de sa destination, et amarré au quai. Quant aux marchandises, le tems des risques commence aussitôt qu'elles ont été chargées dans le vaisseau, ou dans des gabarres pour les y porter, et dure jusqu'à ce qu'elles soient délivrées à terre, sur le quai, au lieu de leur destination. » (Article XIII.)

Si l'on n'a pas spécifié que l'assurance est faite pour l'aller et le retour, elle n'est censée faite que pour l'aller. Si sans désignation de voyage, le vaisseau est assuré pour six mois seulement, à compter du jour qu'il aura mis à la voile ; les six mois expirés, les assureurs sont de plein droit déchargés pour l'avenir.

Lorsqu'il y a un voyage désigné par la police, bien que le tems soit limité, l'obligation des assureurs dure pendant tout le tems du voyage, même pour les pertes survenues depuis l'expiration du tems fixé. La clause de limitation de tems n'a d'autre effet que d'autoriser une augmentation de prime proportionnée à la plus grande durée du voyage.

9°. « Les sommes qu'on entend assurer. » Si l'estimation n'est pas faite par la police, on y supplée par les factures et les livres.

10°. « La prime, ou le coust d'assurance. »

11°. « La soumission des parties aux arbitres. » Cette clause n'est que de conseil.

12°. « Et généralement toutes les autres conditions dont elles voudraient convenir. » De manière que toutes les clauses non formellement stipulées sont réputées non convenues.

QUINZIÈME LEÇON.

Suite du contrat d'assurance, — du prêt à la grosse aventure.

§ VI.

Des obligations de l'assureur.

LA nature de ce contrat oblige l'assureur, 1°. à payer la somme assurée en cas de perte totale, ou presque totale des choses assurées ; 2°. à indemniser l'assuré des avaries arrivées, survenues par quelque accident de force majeure. Ces deux chefs d'obligation exigent quelques développemens.

Payer la somme assurée.

Sur le premier, il n'y a ouverture à l'action contre l'assureur qu'après l'acquittement de certaines conditions de la part de l'assuré.

1°. La perte totale ou presque totale des choses assurées doit avoir été causée par les accidens de force majeure spécifiés dans la police, ou indiqués par l'ordonnance. J'ai dit *la perte totale ou presque totale ;* cependant, l'ordonnance se sert des termes *perte entière :* mais la perte est réputée entière lorsque les choses, quoique restées dans le vaisseau, sont toutes ou presque toutes si considérablement endommagées, que leur valeur en soit diminuée de plus de moitié.

Il ne suffit pas que l'accident de force majeure ait eu lieu, il faut qu'on en ait eu la nouvelle. Il y a tel cas, cependant, où l'action est ouverte contre l'assureur, quoiqu'on n'ait eu aucune nouvelle de la perte, et même quoique le vaisseau ne soit peut être pas péri.

« Si l'assuré (dit l'ordonnance, article LVIII) ne re-
« çoit aucune nouvelle de son navire, il pourra,
« après l'an expiré, à compter du jour du départ
« pour les voyages ordinaires, et après deux ans
« pour ceux de long cours, faire son délaissement
« aux assureurs, et leur demander paiement, sans
« qu'il soit besoin d'aucune attestation de la perte. »

2°. « Lorsque l'assuré aura eu avis de la perte du
« vaisseau ou des marchandises assurées, de l'arrêt
« du prince, et d'autres accidens étant aux risques des
« assureurs, il sera tenu de leur faire incontinent si-
« gnifier, ou à celui qui aura pour eux signé l'assu-
« rance, avec protestation de faire son délaissement
« en tems et lieu. » Telle est la seconde condition im-
posée à l'assuré par l'ordonnance, article XLII.

3°. L'assuré n'est admis à demander la somme assurée qu'après avoir préalablement fait signifier aux
assureurs le délaissement qu'il leur fait de ce qui reste
des effets assurés, et de tous ses droits par rapport
auxdits effets.

« On ne peut faire délaissement d'une partie, et re-
« tenir l'autre. » (Article XLVII.)

« Le délaissement ne peut être fait qu'en cas de
« prise, naufrage, bris, échouement, arrêt de
« prince, ou perte en tiers des effets assurés; et tout
« autre dommage n'est réputé qu'avarie, qui est ré-
« glée entre les assureurs et les assurés, à proportion
« de leurs intérêts. » (Article XLVI.)

Les effets sauvés ne doivent être délaissés aux assureurs qu'à la charge par eux de rembourser les frais faits
pour les sauver du naufrage ; mais si les frais excèdent
la valeur des effets, les assureurs peuvent à leur tour
les laisser pour les frais.

En cas de prise, si l'assuré a fait une composition avec le corsaire pour racheter ses effets, l'article LXVII de l'ordonnance porte que : « Les assu-

« reurs pourront prendre la composition à leur profit,
« à proportion de leur intérêt, et, en ce cas, ils se-
« ront tenus d'en faire leur déclaration sur-le-champ,
« de contribuer actuellement au prix du rachat, et de
« courir les risques du retour ; sinon, de payer les
« sommes assurées, sans qu'ils puissent rien prétendre
« aux effets rachetés. »

Le délaissement fait par l'assuré doit être accompagné de la déclaration de toutes les assurances qu'il a fait faire, et de l'argent qu'il a pris à la grosse sur les effets assurés. La raison en est sensible : il n'est pas permis de faire assurer les effets qui le sont déjà, à moins qu'ils ne l'aient été la première fois que pour une partie de leur valeur, et que la seconde assurance ne soit pas d'une somme plus forte que la valeur excédente. Or, si la seconde assurance, jointe à la première, excède la valeur totale des effets, elle est illégitime ; et, dans ce cas, la peine portée contre l'assuré par l'article LIII de l'ordonnance, est d'être privé de l'effet des assurances, c'est à dire d'être exclus de la demande contre les assureurs pour le paiement de la somme assurée. Les sommes empruntées à la grosse aventure sont réputées assurances.

Si la déclaration, même fidelle, n'a été faite qu'après l'acte de délaissement, le terme accordé aux assureurs, pour le paiement des sommes assurées, ne commence à courir que du jour de cette déclaration.

4°. Les déclarations que doit faire l'assuré ne sont utiles qu'autant qu'elles sont étayées des pièces justifi-

catives tant du chargement et de la valeur des effets
assurés que de leur perte. Ainsi le veut l'ordonnance.

« Les assureurs sur le chargement ne pourront être
« contraints au paiement des sommes assurées que jus-
« qu'à concurrence de la valeur des effets dont l'assu-
« reur justifie le chargement et la perte. » (Art. LVI.)

« Les actes justificatifs du chargement et de la perte
« des effets assurés seront signifiés aux assureurs in-
« continent après le délaissement , et avant qu'ils
« puissent être poursuivis pour le paiement des choses
« assurées. (Article LVII.)

Le chargement se prouve par le connaissement auquel on supplée, en cas de perte, par l'attestation
du capitaine ou des principaux de l'équipage.

La valeur des effets assurés se justifie par les factures et les livres de commerce tant de l'assuré que
des marchands qui lui ont vendu les marchandises ,
et encore par l'estimation des experts , suivant le prix
commun et courant que les marchandises de l'espèce
de celles assurées valaient au tems et au lieu du chargement. Il faut supposer ici que l'estimation n'a pas été
faite par la police.

Les pièces justificatives de la perte des effets assurés
sont , 1°. en cas de naufrage ou échouement, soit
les procès-verbaux des officiers de l'amirauté qui
ont fait travailler au sauvement des effets, soit le
rapport vérifié des gens de l'équipage fait au greffe
de l'amirauté du lieu le plus voisin du naufrage , ou
devant les notaires lorsqu'il n'y a pas d'amirauté.

2°. En cas de prise , les lettres d'avis du capitaine ou des principaux de l'équipage.

5°. Le délaissement et la demande de la somme assurée doivent, de rigueur , être faits dans le tems porté par l'ordonnance ; savoir : dans six semaines après la nouvelle des pertes arrivées aux côtes de la même province où l'assurance aura été faite ; dans trois mois pour celles qui arrivent en une autre province ; dans quatre mois pour les côtes de Hollande, Flandres, Angleterre ; dans un an pour celles d'Espagne , d'Italie, Portugal, Barbarie, Moscovie ou Norwège ; dans deux ans pour les côtes de l'Amérique , Brésil, Guinée et autres pays plus éloignés. (Article XLVIII.)

6°. Toutes les déclarations et preuves de l'assuré faites et établies , l'assureur doit être condamné à payer la somme assurée. Mais il serait trop rigoureux d'exiger le paiement incontinent après la condamnation. L'ordonnance leur accorde (article XLIV) un terme de trois mois , qui commence à courir du jour que l'assuré leur a fait signifier son délaissement. Si , cependant, les parties ont déterminé par leur contrat un terme plus long ou plus court, la police fait loi.

Indemniser des avaries.

II. Le second chef d'obligation des assureurs consiste dans l'indemnité qu'ils doivent à l'assuré pour les avaries causées par quelqu'un des accidens, du risque desquels ils se sont chargés. ·

On appelle *avaries* non-seulement la perte et la détérioration des choses assurées, comme lorsqu'elles ont été répandues, brisées, mouillées, ou endommagées de quelque manière que ce soit; mais aussi les frais extraordinaires auxquels un accident de force majeure a donné lieu, tels que ceux qu'il a fallu faire pour sauver les marchandises assurées d'un naufrage, d'un échouement, et les rembarquer.

Ces deux espèces d'avaries sont également aux risques des assureurs. L'ordonnance ne dit pas : « Seront aux « risques des assureurs toutes et pertes et dommages « dans les choses assurées. » Elle dit généralement : « Toutes pertes et dommages. »

Il en est de même lorsque ce sont d'autres marchandises que celles assurées qui ont été jetées à la mer, pourvu qu'elles l'aient été pour le salut commun, et que le propriétaire des marchandises assurées, qui ont été conservées, ait contribué à la perte. Cette contribution doit être supportée par les assureurs. Il suffit que la perte que cette contribution cause à l'assuré soit arrivée par rapport aux marchandises qu'il a fait assurer, et qu'elle ait été causée par une fortune de mer. Le texte de l'ordonnance est général : « Seront « aux risques des assureurs toutes pertes et dommages « qui arriveront sur mer, et généralement toutes for- « tunes de mer. »

·Il n'y a lieu à indemnités pour causes d'avaries que

si elles sont un peu considérables. La police spécifie ordinairement de combien pour cent les marchandises auront dû être détériorées. Lorsque les parties ne s'en sont pas expliquées, l'ordonnance défend (article XLVII) de faire aucunes demandes d'avaries si elles n'excèdent un pour cent.

On peut aussi stipuler que les assureurs ne seront pas tenus, ou seront francs d'avaries.

§ V I I.

Des obligations de l'assuré.

Les obligations de l'assuré se réduisent à payer la prime convenue. Lorsque le contrat est pur et simple, cette prime est dûe, soit que le vaisseau arrive à bon port, soit qu'il périsse. Néanmoins, comme elle n'est que le prix des risques que doivent courir les assureurs, l'obligation de la payer renferme cette condition tacite : Si les assureurs courent les risques. Si donc le voyage est rompu, la prime n'est pas dûe, ou doit être restituée si elle a été payée. En ce cas, au lieu de la prime, les assureurs retiennent un demi pour cent par forme de dédommagement de l'autre action du contrat, à moins qu'il n'y ait eu force majeure.

Dès que les risques ont commencé, la prime est acquise et dûe irrévocablement aux assureurs, quand même le voyage serait extrêmement abrégé. Il faut admettre néanmoins quelques exceptions à ce principe : 1°. Si la prime a été convenue à raison de tant par jour ou par mois , elle ne peut être dûe qu'en raison de la durée du voyage. 2°. Si l'on est convenu d'une seule prime pour le voyage et le retour , et que le vaisseau arrivé à sa destination ne revienne pas, l'ordonnance (article VI) oblige l'assureur à rendre le tiers de la prime , s'il n'y a stipulation contraire. 3°. Si, durant les risques, les assureurs font banqueroute, l'assuré n'ayant plus de garantie du paiement de la somme assurée , peut demander la résolution du contrat, et conséquemment se faire décharger du paiement de la prime , ou en obtenir la restitution, s'il l'a payée.

Tant que la prime n'est pas payée , les assureurs ont un privilège sur les effets assurés.

Du prêt à la grosse aventure.

PARAGRAPHE PREMIER.

De la nature de ce contrat.

Le contrat de prêt à la grosse aventure est celui par lequel l'un des contractans prête à l'autre une certaine somme d'argent, à condition qu'en cas de perte des effets, pour lesquels cette somme a été prêtée , arrivée par quelque fortune de mer ou accident de force majeure , le préteur n'en aura aucune répétition, si ce n'est jusqu'à concurrence de ce qui en restera ; et, qu'en cas d'heureuse arrivée, l'emprunteur sera tenu de rendre au préteur la somme avec un cer-

tain profit convenu, pour le prix du risque desdits effets dont le prêteur s'est chargé.

Ce contrat est *réel* : il ne reçoit sa perfection que par
la tradition de la chose prêtée. *Uni-latéral* : l'emprunteur seul est obligé de rendre la somme avec le profit
maritime , s'il n'arrive pas d'accident de force majeure qui cause la perte des effets. *Intéressé de part
et d'autre* : il est fait pour l'utilité des deux parties. *Aléatoire* : ce que paie l'emprunteur en cas d'heureuse arrivée
du vaisseau n'est que l'évaluation du risque dont le
prêteur s'est chargé.

§ I I.

Des choses qui sont de l'essence de ce contrat.

Cinq choses sont de l'essence du prêt à la grosse
aventure :

1°. Il faut qu'il y ait une somme prêtée. A la rigueur , cependant , on peut prêter à la grosse tout ce
qui peut être l'objet du prêt de consomption ; mais l'u-
sage constant a prévalu que ce soit toujours une
somme d'argent qui soit l'objet de ce contrat. 2°. La
somme prêtée doit l'être sur des effets dont le prêteur
prend les risques sur son compte , mais qui, en cas
d'heureuse arrivée, demeurent spécialement affectés
à son paiement.

L'ordonnance de 1681 , titre des contrats à la grosse ,
article II, spécifie les choses sur lesquelles se peut faire
cette sorte de prêt. « L'argent à la grosse pourra être

« donné sur *le corps et quille du vaisseau, ses agrès*
« *et apparaux* (voiles, cordages, vergues, poulies
« et autres ustensiles) ; *armemens et victuailles* (ca-
« nons et autres armes, provisions de bouche et de
« guerre) ; *conjointement ou séparément, sur le tout*
« *ou partie de son chargement* (en supposant qu'il ap-
« partienne à l'armateur à qui le prêt est fait. »)

Il n'est pas plus permis d'emprunter à la grosse, au-
delà de la valeur des choses sur lesquelles le prêt est
fait, qu'il ne l'est de faire assurer des marchandises
pour une somme excédant leur valeur. Si ce principe
a été violé, l'emprunteur a été de bonne foi ou non.
Dans le dernier cas, le contrat est nul ; dans le premier, il est réduit jusqu'à concurrence de la valeur
réelle des choses affectées au prêt. Voici comme l'ordonnance s'exprime à cet égard :

« Faisons défense de prendre deniers à la grosse sur
« le corps et quille du vaisseau, ou sur les marchan-
« dises au-delà de leur valeur, à peine d'être con-
« traint, en cas de fraude, au paiement des sommes
« entières, nonobstant la perte ou prise du vais-
« seau. »

« Si, toutefois, celui qui a pris deniers à la grosse
« justifie n'avoir pu charger des effets pour la valeur
« des sommes prêtées à la grosse, le contrat, en cas de
« perte, sera diminué à proportion de la valeur des
« effets chargés ; il ne subsistera que pour le surplus
« dont le preneur jugera le change suivant le cours

« de la place où le contrat aura été passé jusqu'à l'ac-
« tuel paiement du principal. »

3°. Il faut qu'il y ait des risques maritimes auxquels soient exposées les choses sur lesquelles le prêt est fait. Ces risques sont ceux de tous les cas fortuits qui cause-raient la perte des effets dans les tems et dans les lieux des risques. Ils comprennent tous les accidens de force majeure dont sont chargés les assureurs , et qui sont détaillés par l'article XXVI du titre des assurances. Et, pour éviter toute espèce de doute , l'ordonnance ajoute (titre du contrat à la grosse, article XI.) « Ne
« sera réputé cas fortuit tout ce qui arrive par le vice
« propre de la chose, ou par le fait des proprié-
« taires, maîtres ou marchands chargeurs, s'il n'est
« autrement porté par la convention. »

Je n'ajouterai rien sur cet article. Tout ce que j'ai dit sur les risques, dont se chargent les assureurs, s'ap-plique au contrat de prêt à la grosse.

4°. Il ne peut pas y avoir de contrat de prêt à la grosse aventure, s'il n'y a un profit maritime stipulé par le contrat, c'est à dire une certaine somme d'ar-gent ou quelque autre chose que l'emprunteur s'oblige de payer au prêteur , outre la somme prêtée pour le prix des risques dont il s'est chargé.

Selon l'usage , le profit maritime consiste dans un intérêt à raison de tant pour cent par mois, lorsque l'emprunt à la grosse est fait pour un tems limité de navigation. Mais lorsqu'il est fait pour un voyage à un certain lieu, le profit maritime consiste ordinairement dans une certaine somme fixée à raison de tant pour cent. Dans tous les cas, la quotité n'est pas limitée par la loi, elle est abandonnée à la volonté des contractans.

Au surplus, il en est comme de la prime d'assurance, ce sont la nature et l'étendue des risques, l'espèce et la durée du voyage, et les différentes circonstances tirées des tems et du lieu où le contrat est fait, qui augmentent ou diminuent le profit maritime.

5°. Comme dans toutes les espèces de contrat, point de prêt à la grosse sans le consentement des parties. Il doit intervenir sur la somme prêtée, sur les effets affectés au prêt, sur les risques dont le prêteur se charge, et sur le profit maritime que l'emprunteur s'oblige de payer.

§ I I I.

De ce que doit contenir l'acte de prêt à la grosse.

L'ordonnance n'a pas désigné, comme pour le contrat d'assurance, les choses que doit renfermer le contrat de prêt à la grosse aventure. Mais l'analogie et le bon sens indiquent suffisamment que l'acte indicatif de ce prêt doit contenir le nom des parties, la somme prêtée, les effets du risque, desquels le prêteur est chargé, le profit maritime stipulé, le nom du navire, le nom du capitaine, l'espèce et la destination du voyage.

Que l'acte soit passé sous signatures privées ou par-devant notaire : il fait la même foi à l'égard des parties.

Il n'en est pa s de même auprès des tiers , vis-à-vis desquels le prêteur voudrait exercer le privilège attaché au contrat. Sous signature privée , il n'a point de date certaine : il faut qu'il soit notarié.

§ I V.

Des obligations de l'emprunteur.

Ce contrat ne produit d'obligation que de la part de l'emprunteur. Elle consiste à rendre la somme prêtée , et en sus le profit maritime convenu , s'il ne survient pas quelque accident de force majeure qui cause la perte des effets sur lesquels le profit est fait.

Si le prêt a été fait pour un tems limité , l'obligation existe par l'expiration de ce tems , sans qu'il soit arrivé aucun accident de force majeure.

Si les risques n'ont pas été courus , parce que le voyage n'a pas eu lieu , l'emprunteur doit , dans tous les cas , la restitution de la somme prêtée. Dans aucun , il ne doit le profit maritime ; mais si c'est par sa faute ou son fait , que le voyage a été rompu , il doit au prêteur le change ou intérêt de la somme prêtée , jusqu'au jour du paiement , par forme de dédommagement de l'inexécution du contrat.

Dès que les risques sont commencés , qu'ils aient ou non duré tout le tems prévu par le contrat , le profit maritime est acquis et dû irrévocablement au prêteur.

L'obligation de l'emprunteur existe encore toute entière lorsque , pendant tout le tems des risques, les effets sur lesquels la somme a été prêtée n'ont été ni pris ni perdus, quelque endommagés qu'ils aient pu être par des accidens de force majeure. L'article XVI de l'ordonnance porte formellement « que les « donneurs à la grosse ne doivent pas contribuer aux « *simples avaries* ou dommages particuliers , s'il n'y « a convention contraire. » C'est une des principales différences du prêt à la grosse avec le contrat d'assurance.

Il en est autrement des *avaries communes,* ou *grosses avaries*. On appelle ainsi les pertes et dépenses que le propriétaire du navire , ou quelqu'un des propriétaires des effets qui y sont chargés, a faites pour le salut commun. Telles sont les pertes des marchandises les plus pesantes qu'on a jetées à la mer pour alléger le vaisseau dans le cas d'une tempête ; le dommage causé au vaisseau , dont en pareil cas on a coupé les mâts et les câbles ; la rançon payée à un corsaire , etc. , etc.

Cette obligation du prêteur de contribuer aux avaries communes étant contractée envers celui qui a procuré à ses dépens la conservation des effets plutôt qu'envers l'emprunteur , celui-ci n'en est pas moins obligé de payer le profit maritime.

Dans le cas où une partie seulement des effets a péri par les accidens prévus au contrat , l'emprunteur doit restituer la somme prêtée, mais seulement

jusqu'à concurrence des effets sauvés. « Seront , toute-
« fois (dit l'ordonnance , article XVII) en cas de
« naufrage , les contrats à la grosse aventure réduits
« à la valeur des effets sauvés. » Mais le prêteur ne
peut pas demander le profit maritime , même en proportion des effets sauvés.

Lorsque le prêt à la grosse a été fait sur les effets
d'un chargement d'une valeur qui excédait la somme
prêtée , le contrat , en cas de naufrage ou autre semblable accident , doit-il être réduit à la valeur du total
des effets de ce chargement qui ont été sauvés , ou
seulement à la valeur d'une portion des effets sauvés ,
qui soit en même proportion qu'était la somme prêtée
à la valeur du chargement ? L'ordonnance a décidé
la question ; elle dit , article XVIII :

« S'il y a contrat à la grosse et assurance sur le
« même chargement , le donneur sera préféré aux
« assureurs sur les effets sauvés pour le capital seu-
« lement. »

Cet article , en supposant un contrat à la grosse ,
et une assurance sur le même chargement , suppose
que le prêt à la grosse a été fait sur un chargement
d'une valeur plus considérable que la somme prêtée.
Autrement , il ne pourrait pas y avoir d'assurance. Or ,
en attribuant aux donneurs à la grosse la préférence
sur les assureurs , l'ordonnance décide que le prêt
à la grosse subsiste pour le total des effets sauvés.

FIN DU QUATRIÈME CAHIER.

NOTICE DU CINQUIÈME CAHIER.

Le cinquième cahier, qui est sous presse, traitera : — Des hypothèques ; — du contrat de mariage ; — des donations entre vifs ; — des quasi-contrats ; — des délits et quasi-délits ; — des successions ; — des testamens.

TABLE DES MATIÈRES.

		Pages
Ire. leçon. — *Du prêt à usage, — du précaire, — du prêt de consomption.*		5
IIme. leçon. — *Du prêt à intérêt, — du nantissement.*		15
IIIme. leçon. — *De la constitution de rente.*		25
IVme. leçon. — *Suite du contrat de constitution, de rente perpétuelle, — du contrat de constitution de rente viagère.*		39
Vme. leçon. — *Du contrat de cautionnement.*		54
VIme. leçon. — *Suite du cautionnement.*		64
VIIme. leçon. — *Suite du cautionnement.*		75
VIIIme. leçon. — *Suite du cautionnement.*		85
IXme. leçon. — *Du contrat de change.*		93
Xme. leçon. — *Suite du contrat de change.*		104
XIme. leçon. — *Suite du contrat de change.*		113
XIIme. leçon. — *Suite du contrat de change.*		125
XIIIme. leçon. — *Suite du contrat de change.*		135
XIVme. leçon. — *Du contrat d'assurance maritime.*		146
XVme. leçon. — *Suite du contrat d'assurance, — du prêt à la grosse aventure.*		156

FIN DE LA TABLE.

www.ingramcontent.com/pod-product-compliance
Ingram Content Group UK Ltd.
Pitfield, Milton Keynes, MK11 3LW, UK
UKHW021633170726
13836UKWH00005B/2179